语言理论研究与应用

邵军航／主编

立信会计出版社
LIXIN ACCOUNTING PUBLISHING HOUSE

图书在版编目(CIP)数据

语言理论研究与应用/邵军航主编. —上海:立信会计出版社,2019.8

ISBN 978-7-5429-6208-9

Ⅰ.①语… Ⅱ.①邵… Ⅲ.①语言理论—研究 Ⅳ.①H0-0

中国版本图书馆 CIP 数据核字(2019)第 182008 号

策划编辑 张巧玲

责任编辑 张巧玲

封面设计 南房间

语言理论研究与应用

出版发行	立信会计出版社		
地　　址	上海市中山西路 2230 号	邮政编码	200235
电　　话	(021)64411389	传　　真	(021)64411325
网　　址	www.lixinaph.com	电子邮箱	lixinaph2019@126.com
网上书店	http://lixin.jd.com		http://lxkjcbs.tmall.com
经　　销	各地新华书店		
印　　刷	江苏凤凰数码印务有限公司		
开　　本	710 毫米×1000 毫米	1/16	
印　　张	12	插　　页	1
字　　数	194 千字		
版　　次	2019 年 8 月第 1 版		
印　　次	2019 年 8 月第 1 次		
书　　号	ISBN 978-7-5429-6208-9/H		
定　　价	49.00 元		

如有印订差错,请与本社联系调换

主　编

邵军航

副主编

（按姓氏拼音顺序排序）

顾德华　涂丽萍

编　委

（按姓氏拼音顺序排序）

蔡激扬　范连义
范　敏　高莉敏
高永祥　李小坤
刘春发　仇贤根
叶丽华　张　莹

前言

教学离不开研究，大学阶段的语言教学更离不开语言研究。本书就是上海立信会计金融学院外国语学院部分教师对语言进行研究的阶段性成果汇编。

研究与学习是连续统一的，是一条线上的两端。研究是学习的发展和提高，而学习为进一步的研究奠定基础。因此，只有通过不断的理论研究和学习，我们才可以掌握完整的语言学理论体系，才能深入了解语言的特点和规律，从而在语言教学实践中做到科学、专业、严谨和高效。

语言是用于交际的、音义结合的词汇语法体系，具有任意性和约定俗成性。语言学相应分为语音学、音系学、语义学、词汇学和句法学。语言学与相关学科结合，又形成跨学科的语言学分支，如社会语言学、语用学、神经语言学、心理语言学、认知语言学、儿童发展语言学、计算语言学等。语言学的这些分支各成体系，各自都有研究的重点，但它们结合起来所构成的是语言学更大的系统。

了解了语音学知识，才能讲清楚元音与辅音的区别，才能分清楚清、浊、辅音，才能解释清楚前、中、后三个鼻音；研究语义学和词汇学，才能讲清楚六种主要的词义关系以及词义变迁的类型和方式；了解三类语体分化，才能给学生讲清楚同义词辨析的依据；掌握了词汇学中有关单词构成的知识，才能有效地讲解单词的构词手段；研究句法学，才能完整而透彻地讲解时、体、态、数、性、格，才不会将过去、现在、未来三个时与现在时态、过去时态两种时态混为一谈，或将过去、现在、未来三个时与完成体和进行体搅在一起；也才能解释清楚语言的开放类成分与封闭类成分的实质。

只有通过不断的理论研究和学习，我们才可以了解语言学研究的动态，把握语言学理论的发展趋势，从而指导我们的语言教学实践。如第二代认知语言学是近三十年才发展起来的语言研究范式，是对乔姆斯基转换生成语法的革命，也是对传统语言学思想的反思，在许多语言现象上有很强的解释力；学习与研究认知语言学的理论不仅可以合理地解释语言现象，还可以启发学生的心智，充分调动学生的学习积极性。认知语言学的元型范畴观及概念隐喻和概念转喻可以让学生了解世界并不是非此即彼地泾渭分明，而是像青蛙的卵一样有核心、有边缘、有过渡地带；整个世界是由空间、有形的物体、无固定形状的物质、无形物质（如空气等）、抽象实体（如情感、思想等）构成的，有形物体和无固定形状的物质都是可视的，可以直接表达的，而无形物质和抽象实体必须借助于其他有形物体才能显现出来，即要将它们进行视觉化，才容易理解和表达。了解这一点就可以解释为什么在日常交流中抽象概念都是隐喻性的。认知语言学其他的理论还有心理空间理论、概念网络理论、“图形—背景分离”理论、图式网络理论、意象图式理论、框架语义学、构式语法等，每一种理论侧重的语言现象不同，如果我们能将这些理论用于教学实践，将会收到意想不到的效果。

大多数外语教师都能认识到科研的重要性，一般都能自觉地进行理论学习和研究，并将学习、研究的成果或心得应用于教学实践。但如果想将科研成果公开发表，却会遇到很大的困难。根本原因在于，全国高校外语教师人数众多，而语言类学术期刊数量少。根据教育部官方网站发布的2017年全国高等学校名单，截至2017年5月31日，全国高等学校共计2 914所，普通高等学校2 631所（含独立学院265所）。如果按保守规模估算，平均每所大学的外语教师人数为50名，全国就有13万～14万的外语教师。而全国汉语语言类的核心学术期刊有《中国语文》《当代语言学》《中国翻译》《语言教学与研究》《语言研究》《世界汉语教学》《语言文字应用》《汉语学习》《方言》《语文研究》《古汉语研究》《民族语文》《语言科学》《修辞学习》《上海翻译》《辞书研究》《中国科技翻译》《语文建设》等18种；外国语言类核心学术期刊有《外语教学与研究》《外国语》《外语与外语教学》《现代外语》《外语界》《外语学刊》《外语教学》《解放军外国语学院学报》《外语研究》《四川外语学院学报》《山东外语教学》《外语教学理论与实践》《国外外语教学》《中国俄语教学》等14种；外国文学类核心期刊有

《外国文学评论》《外国文学研究》《外国文学》《国外文学》《当代外国文学》《世界文学》《俄罗斯文艺》《译林》等8种。即使以上刊物都适合所有的外语教师投稿，按照每本期刊的用稿量和每年的发行期数，每年总发稿量在2 300～2 500篇。如果平均到每位大学外语教师，发一篇这样的核心期刊论文需要52～61年；如果不算汉语语言类核心期刊（因为外语教师很难发表汉语研究论文），仅考虑外语语言类和外国文学类期刊，平均到每位大学外语教师，发一篇核心学术论文需要103～111年。如再考虑学术界名家会占用更多的学术资源这一因素，留给青年外语教师的发文空间会更小。

鉴于以上事实及教师发表科研成果的需求，经上海立信会计金融学院外国语学院党政联席会讨论决定，使用学校科研处资助的语言应用研究所启动经费，出版这本论文集。我们希望在经费许可的情况下，将此作为常态性工作，争取每两年出版一集。希望为我院教师搭建一个小小的平台，充当冲刺核心期刊的一方垫脚石。

邵军航

2019年8月

目　录

从评价视角看习近平在中非合作论坛北京峰会开幕式上的主旨讲话

上海立信会计金融学院外国语学院　赵　民

摘　要： 主旨讲话作为一个特定的语类，为实现其交际目的，使用的语言资源有其自身的特点。本文运用评价理论分析了习近平主席在中非合作论坛北京峰会开幕式上的主旨讲话。我们发现习近平主席使用了大量的评价资源，主要包括情感资源、判断资源、鉴赏资源和级差资源。这些评价资源的运用成功地实现了主旨讲话的交际目的，即促进中非合作、"携手共命运、同心促发展"的会议宗旨。我们发现评价理论是分析主旨讲话强有力的工具，习近平主席的主旨讲话特意使用了丰富的评价性语言资源，从而使得讲话能较成功地体现习近平主席赋予会议的主要精神。

关键词： 习近平讲话；评价理论；情感资源；判断资源；鉴赏资源；级差资源

1 引言

2018 年 9 月 3 日，习近平主席在中非合作论坛北京峰会开幕式上发表了题为"携手共命运，同心促发展"的主旨讲话。习近平主席着眼中非人民对美好生活的共同追求，顺应中非友好合作的时代潮流，提出携手打造责任共担、合作共赢、幸福共享、文化共兴、安全共筑、和谐共生的中非命运共同体。习近平主席的重要讲话，对筑牢中非关系政治基础、拉紧中非人民感情纽带、充实中非合作时代内涵，推动中非全面战略合作伙伴关系向深走实、行稳致远，具有重大而深远的意义。

为了更加细致深入地分析习近平主席的主旨讲话如何促进中非关系，我们试图从评价理论的视角全面分析习近平主席的主旨讲话，因为评价理论能使我们更加详实地把握和理解主旨讲话如何使用语言资源较好地阐明自己的观点和态度，如何使发言人对演讲的中心议题作出全面客观的权威阐述与理性表征。

2 评价理论

系统功能语言学认为，语言具备三大元功能，概念功能、人际功能和语篇功能。其中，人际元功能指说话人和听者之间的互动关系，以及说话人对其所说或所写内容的态度。在以往的研究中，系统功能语言学对人际功能的研究大多注重说话人和听者之间的互动关系，对说话人个人的态度研究较少。换言之，以往对人际功能的研究大多忽视了对说话人的赋值语义(semantics of evaluation)的研究（王振华，2001:13）。赋值语义的研究是研究说话人通过语言赋予语言对象的价值意义（王振华，2001:14）。具体来讲，就是研究说话人的感情、对事件的判断（态度）以及对事物的鉴赏等。Martin在20世纪90年代初注意到了人际功能研究中的这一不足，在系统功能语言学对人际功能研究的基础上提出了评价系统的理论，拓宽了原有人际功能的研究范围。

评价理论正式确立和成熟的标志是Martin和White于2005年推出的专著*The Language of Evaluation: Appraisal in English*。评价理论主要考虑的人际意义是作者/说话人在文本或话语中所采取的立场；作者/说话人在话语中如何表示同意、反对，表达热情、憎恶、表扬、批评以及如何促使读者/听话人也作出同样的反应；如何通过文本建立共同的情感和价值观，以及为了建立共同的情感、体验而使用的语言学机制；作者/说话人如何为自己建立特定的作者身份或角色（形象）；作者/说话人联盟排除实际或潜在的回应者，以及作者/说话人如何为他们的语篇建构预期或理想的受众。

评价理论自诞生以来，被广泛地运用到语篇分析中来。到目前为止，评价理论已经被运用到新闻语篇（刘世铸、韩金龙，2004；王振华，2004a；陈晓燕，2007；刘悦明，2012；赵民，2014）、学术语篇（唐丽萍，2004；唐丽萍，2005；Hood，2006；张大群，2010；徐玉臣，2014）、文学语篇（王振华，2004b；单慧芳、丁素萍，

2006；王雅丽、管淑红，2006；尚必武，2008）和法律语篇（王振华，2006；袁传有，2008；王蕾，2010；王振华、刘成博，2014；施光，2016；田华静、王振华，2016）中来。可见，评价理论是语篇分析的有效工具。我们认为，评价理论同样可以用来分析主旨讲话，以把握主旨讲话的演讲者如何表达自己的观点和态度。

主旨讲话作为一个特殊的话语类型，有着自身的语言特征。习近平主席在2018年中非合作论坛北京峰会开幕式上发表了题为“携手共命运，同心促发展”的主旨讲话。该讲话以实现推动中非合作顺利开展为目的，使用了丰富的评价性语言资源，我们可以通过分析这些评价性语言资源，从语言学角度更清晰地阐释评价理论作为话语分析有效的工具。我们通过使用评价理论可以厘清习近平主席在主旨讲话中如何表达自身的观点和立场、如何表达自己的情感、如何展示自身的价值观、如何构建自身的身份和形象、如何联盟听者，以及如何构建理想的受众。

具体来讲，评价系统包括三大次系统：态度（attitude）、介入（engagement）和级差（graduation）。态度系统包括情感（affect）、判断（judgement）和鉴赏（appreciation）；介入系统包括自言和借言；级差系统包括语势和聚焦。态度系统关注我们的情感，包括情感反应、对人的性格和行为的判断以及对事物的鉴赏（Martin 和 White，2005:35）。情感关注我们表达正面和负面的感情。判断是指我们对人的行为的态度，如羡慕或批评、表扬或谴责（Martin 和 White，2005:42）。鉴赏涉及对符号和自然现象等的评价。介入系统主要用于研究语言使用者对所说或所写内容承担的责任和义务，可以分为自言和借言。自言是断言不明显地承认其他观点或涉及其他声音，而借言引发或允许其他对话声音。级差系统是对态度介入程度的分级资源，包括语势（force）和聚焦（focus）。语势调节可分级的态度范畴的力度，包括强势（raise）和弱势（lower）。聚焦是把不能分级的态度范畴分级，包括明显（sharpen）和模糊（soften）。

通过人工标注，我们发现习近平主席的主旨讲话中，出现较多的评价资源是情感、判断、鉴赏和级差资源。在介入资源方面，主旨讲话较少使用借言资源，这说明习近平主席在主旨讲话中，较直接地、明确地表明了自己的态度和立场。

3 分析

3.1 主旨讲话中的情感资源

在主旨讲话中，习近平主席共使用了 44 个情感资源。情感是阐释和表达人们感情的语言资源，是整个态度系统的中心。情感属于心理学中的反应范畴，经历情感的参与者被称为情感体验者，引起情感反应的现象被称为情感触发者。表达情感的语法资源有：品质情感、过程情感和评注情感。同时，在某些场合下名物化也是表达情感的主要语法资源。情感的表达有肯定和否定之分，同时根据强度不同，情感又分为高、中、低三个级别。情感有时被表现为副语言性质的情感反应，或者是一种持续的思想过程或情绪状态。情感有时还被阐释为对某种具体情感触发者所作出的反应或者是表现出的一种持续的情绪。情感还可能被阐释为情绪性的或者是愿望性的心理过程。换言之，情感可以分为现实型的或者非现实型的。情感又可以分为安全/非安全、满意/非满意和快乐/非快乐。Gallardo 和 Ferrari(2010:3174)指出，使用情感资源的目标是使受众定位与个体或者社会团体的关系。通过赋予个人或群体一定的情感，作者/说话人试图引出可以有利于受众或者不利于受众对这些个人或群体的情感反应。

在主旨讲话中，习近平主席使用的情感资源都是正面的情感资源，如高兴、热烈的、诚挚、尊重、热爱和自豪等。下面我们通过具体实例来分析习近平主席如何在主旨讲话中对中非关系表达自己的情感。情感资源用粗体字标出。

(1) 首先，我谨代表中国政府和中国人民，并以我个人的名义，对各位同事和嘉宾的到来表示**热烈的**(情感)欢迎！我也愿通过你们，向兄弟的非洲人民转达中国人民的**诚挚**(情感)问候和良好祝愿！

例(1) 中“热烈的”和“诚挚”都是情感资源。从强度看，这两个情感资源都是高强度的情感；从语法资源来看，“热烈的”和“诚挚”都是品质情感。这些情感资源都表达了习近平主席对与会各方的欢迎和问候，同时也表达了习近平在讲话中快乐的情感。这样的问候虽然简短，却拉近了我国人民和非洲人民的距离，为会议的顺利开展创造了良好的情感氛围。

(2) 我们都为中非各自灿烂的文明而**自豪**(情感),也**愿**(情感)为世界文明多样化作出更大贡献。

例(2)中的"自豪"和"愿"都是情感资源。"自豪"也是高强度的品质情感资源,习近平主席通过这一情感资源,表达了中国人民对中非各自灿烂的文明的积极态度,表达了中国人民对中非各自灿烂的文明的满意情感。在此,"中非各自灿烂的文明"是情感触发者,"自豪"是这一情感触发者使"我们"作出的情感反应。这一情感资源使与会各方建立了良好的人际关系。"愿"属于展望性的心理过程,是非现实型的情感资源。通过使用"愿"这一情感资源,主旨讲话向世人展示了中国人民为世界文明多样化作出更大贡献的良好心愿。

3.2 主旨讲话中的判断资源

通过人工标注,我们发现主旨讲话中共出现了 32 个判断资源。判断系统主要考察我们对人的行为和性格的态度。判断系统可以分为社会评判(social esteem)和社会约束(social sanction)。社会评判主要与行为规范(normality)、做事才干(capacity)和坚忍不拔(tenacity)有关。社会约束主要与是否真实可靠(veracity)和行为是否正当(propriety)有关(Martin 和 White, 2005:52)。通过分析,我们发现主旨讲话中共出现了 1 个行为规范资源,5 个做事才干资源,9 个坚忍不拔资源,17 个行为是否正当资源。在 32 个判断资源中只有一个负面评判资源。下面我们结合实例分析主旨讲话如何通过使用判断资源来达到促进中非合作向前发展的目的的。判断资源用粗体字标出。

(3) 中国在合作中坚持**真诚友好**、**平等相待**(判断)。13 亿多中国人民始终同 12 亿多非洲人民同呼吸、共命运,始终尊重非洲、热爱非洲、支持非洲,坚持做到"五不",即:**不干预**(判断)非洲国家探索符合国情的发展道路,**不干涉**(判断)非洲内政,**不把自己的意志强加于人**(判断),**不在对非援助中附加任何政治条件**(判断),**不在对非投资融资中谋取政治私利**(判断)。中国希望各国都能在处理非洲事务时做到这"五不"。中国永远是非洲的好朋友、好伙伴、好兄弟。任何人都不能破坏中非人民的大团结!

例(3)中的"平等相待"和"五不"是判断资源,体现了中国在中非合作中坚持的立场和原则。这些判断资源属于行为是否正当,在国际合作相关事宜上,体现了中国坚持平等相处和合作共赢的国际行为规范。习近平主席通过使用这些判断资源传达了他对中非合作具体践行的诚恳态度，同时也表达了“携手共命运，同心促发展”的会议主旨精神。

(4) 面对时代命题，中国**坚定不移**(判断)坚持对外开放。面对世界经济增长的不稳定性不确定性，中国坚持走开放融通、合作共赢之路，**坚定**(判断)维护开放型世界经济和多边贸易体制……

例(4)中的“坚定不移”和“坚定(维护)”是判断资源，属于坚忍不拔这一类资源。这些判断资源体现了中国对待时代命题和面对世界经济增长的不稳定性不确定性所持有的坚决态度。通过使用这些判断资源，主旨讲话明确表达了习近平主席对待国际事务，坚持对外开放、坚持开放融通和合作共赢之路的积极的外交政策。

(5) 面对新形势新挑战，中国不断完善机制、**创新**(判断)理念、**拓展**(判断)领域，**提高**(判断)合作质量和水平，稳步迈向更高水平。

例(5)中的“创新”“拓展”和“提高”体现了中国在国际合作方面的能力，属于做事才干这一类判断资源。通过使用这些判断资源，主旨讲话向世人展示了面对新形势和新挑战，中国所具备的、促进中非合作的良好能力和做事才干。

3.3 主旨讲话中的鉴赏资源

通过人工标注，我们发现主旨讲话中共出现了 76 个鉴赏资源，是态度资源中出现频率最高的评价资源。鉴赏资源主要考察我们对事物的评价，尤其是我们创造的事物和我们的表现，以及自然现象。一般来讲，鉴赏可以分为我们对事物的反应(reactions)、事物的构成(composition)以及事物的价值(value)。反应有两个方面：影响(impact)与质量(quality)。影响是指文本/过程吸引力的程度；质量是指文本/过程对感情有多大影响力。构成也有两个方面：平衡(balance)与复杂性(complexity)。平衡是指文本/过程是否相称；复杂性是指文本/过程是否因复杂而影响至无法理解。价值是指用社会标准来看文本/过程时，判断文本/过程是否重要，是否有价值(王振华，2001:18)。

通过分析，我们发现主旨讲话中共出现了 15 个质量鉴赏资源和 61 个价值鉴赏资源。下面我们将通过实例分析这些鉴赏资源如何达成了主旨讲话的交际目的。鉴赏资源用粗体字标出。

(6) 访问期间，我再次目睹了非洲大地**富饶美丽**(鉴赏)，非洲发展**充满生**

机（鉴赏），非洲人民渴望幸福生活。我也更加坚定了这样的信念：非洲发展**不可限量**（鉴赏），非洲未来**充满希望**（鉴赏），中非友好合作**前景广阔**（鉴赏），中非全面战略合作伙伴关系发展**大有可为**（鉴赏）！

例(6)中的"富饶美丽""充满生机""充满希望""大有可为"等都属于质量鉴赏资源。主旨讲话通过使用这些鉴赏资源描述了非洲大地的良好发展势头和中非合作的远大前景。

(7) 中国永远是非洲的**好**（鉴赏）朋友、**好**（鉴赏）伙伴、**好**（鉴赏）兄弟。任何人都不能破坏中非人民的大团结！

例(7)中的三个"好"属于质量类鉴赏资源。三个"好"传达了中国和非洲的良好合作关系。

(8) 第一，携手打造**责任共担的**（鉴赏）中非命运共同体。我们要扩大各层级政治对话和政策沟通，加强在涉及彼此**核心**（鉴赏）利益和**重大**（鉴赏）关切问题上的相互理解和支持，密切在**重大**（鉴赏）国际和地区问题上的协作配合，维护中非和广大发展中国家**共同**（鉴赏）利益。

例(8)中的"责任共担的""核心""重大"和"共同"属于价值类鉴赏资源。这些价值类鉴赏资源体现了习近平主席愿意和非洲携手打造中非命运共同体，推动各方合作，维护中非利益的迫切心愿。

3.4 主旨讲话中的级差资源

通过人工标注我们发现，主旨讲话中共出现了64个级差资源。级差资源贯穿于整个评价系统，是对态度介入程度的分级系统。级差资源可以分为语势(force)和聚焦(focus)。语势主要涉及评价的强度和数量，聚焦主要与评价的类典型性有关。语势又分为强势和弱势，聚焦又分为明显和模糊。语势通常由强度化资源和数量资源实现。

通过分析，我们发现主旨讲话中共出现了62个语势资源和2个聚焦资源。在62个语势资源中，出现了20个数量资源和42个强度资源。下面我们将结合具体实例分析级差资源如何达到了主旨讲话的演讲宗旨和目的。级差资源用粗体字标出。

(9) 13亿多中国人民**始终**（级差）同12亿多非洲人民同呼吸、共命运，**始终**（级差）尊重非洲……

例(9)中的两个“始终”属于强度资源，是最高级别的强度资源，传达了习近平主席对所表达的命题的情感投入强度。从情感强度来看，两个“始终”表达了中国人民和非洲人民同呼吸、共命运以及尊重非洲的强烈愿望和鲜明态度。两个“始终”在此起到了强化感情的作用。习近平主席在此巧妙地运用了级差资源，在讲话中明确地表达了自己的强烈愿望和鲜明态度。

(10) 支持非洲在2030年前基本实现粮食安全……，实施**50个**(级差)农业援助项目，向非洲受灾国家提供**10亿**(级差)元人民币紧急人道主义粮食援助，向非洲派遣**500名**(级差)高级农业专家，培养青年农业科研领军人才和农民致富带头人……

例(10)中的“50个”“10亿元”和“500名”都属于数量资源。习近平主席通过使用具体的数量词，生动形象地向世人展示了中非合作的具体实施方案，也从侧面反映了中国在中非合作方面的诚意。主旨讲话通过使用这些数量级差资源，表达了中国在中非合作方面的积极态度和立场。

(11) 中国**始终**(级差)是世界和平的建设者、全球发展的贡献者、国际秩序的维护者，支持扩大发展中国家在国际事务中的代表性和发言权，支持补强全球治理体系中的南方短板，支持汇聚南南合作的力量，推动全球治理体系**更加**(级差)平衡地反映大多数国家**特别是**(级差)发展中国家的意愿和利益。

例(11)中的“始终”“更加”和“特别是”都是级差资源。“始终”和“更加”属于强度资源，“特别是”属于聚焦资源范畴下的明显资源。“始终”在此处传达了中国是世界和平的建设者的强烈态度和鲜明立场。“更加”在此处表达了中国努力推动全球治理体系的明确目标和目的。“特别是”再次明确了中国推动全球治理体系是为了争取发展中国家的意愿和利益的目的和愿望。

通过实例分析，我们可以看出，主旨讲话通过级差资源在侧面也反映了习近平主席对中非合作的态度和立场，突出体现了主旨讲话“携手共命运，同心促发展”的会议精神和习近平主席代表中国对中非合作所持有的良好期盼和殷切希望。

4 结语

通过详细标注习近平主席在中非合作论坛北京峰会开幕式上的主旨讲

话，我们发现主旨讲话主要使用了以下评价资源：情感资源、判断资源、鉴赏资源和级差资源。习近平主席为了使主旨讲话充分体现“携手共命运，同心促发展”的会议精神，特意使用了这些丰富的评价性语言资源。这些评价资源使主旨讲话较好地传达了习近平主席对中非合作的鲜明态度和立场。情感资源使得峰会的与会各方建立了良好的人际关系，创造了良好的情感氛围。判断资源显示了中国在中非合作发展中坚持平等相处和合作共赢的国际行为规范，以及中国所具备的、促进中非合作的良好能力和做事才干。鉴赏资源传达了中国和非洲的良好合作关系，以及习近平主席愿意和非洲携手打造中非命运共同体、推动各方合作、维护中非利益的迫切心愿。级差资源起到了强化感情的作用，在讲话中使习近平主席明确地表达了自己的强烈愿望和鲜明的态度。主旨讲话通过使用数量级差资源，表达了中国在中非合作方面的积极态度和立场。总之，主旨讲话使用的评价资源使习近平主席成功地实现了推动中非合作良好发展的交际目的，达成了中非合作的良好共识。

参考文献

[1] 陈晓燕.英汉社论语篇态度资源对比分析[J].外国语，2007(3)：39-46.

[2] 刘世铸，韩金龙.新闻话语的评价系统[J]. 外语电化教学，2004(4)：17-21.

[3] 刘悦明.评价理论视阈下英汉社论语篇评价资源对比分析[D].复旦大学，2012.

[4] 单慧芳，丁素萍.用评价理论分析童话《丑小鸭》[J].西安外国语学院学报，2006(3).

[5] 尚必武.《灿烂千阳》中的态度系统及其运作：以评价理论为研究视角[J].山东外语教学，2008(4).

[6] 施光.法庭审判话语的态度系统研究[J]. 现代外语，2016(1)：52-63.

[7] 唐丽萍.学术书评语类结构的评价分析[J].外国语，2004(3).

[8] 唐丽萍.英语学术书评的评价策略[J]. 外语学刊，2005(4).

[9] 田华静，王振华. 汉语刑事辩护词中态度资源的分布——作为社会过程的法律语篇研究之四[J]. 山东外语教学，2016(2)：13-21.

[10] 王蕾.《妇女权益保障法》中的“态度”研究[J].外语学刊，2010(3)：62-67.

[11] 王雅丽，管淑红.小说叙事的评价研究——以海明威的短篇小说《在异乡》为例[J].外语与外语教学，2006(12).

[12] 王振华. 评价系统及其运作——系统功能语言学的新发展[J]. 外国语，2001(6)：13-20.

[13] 王振华."硬新闻"的态度研究——"评价系统"应用研究之二[J] .外语教学,2004a(5).

[14] 王振华."物质过程"的评价价值——以分析小说人物形象为例[J].外国语,2004b(5).

[15] 王振华."自首"的系统功能语言学视角[J].现代外语,2006(1):1-9.

[16] 王振华,刘成博.作为社会过程的法律语篇——态度纽带与人际和谐[J]. 中国外语,2014(3): 19-25.

[17] 徐玉臣,等.态度评价手段的篇章分布规律研究[J].外语学刊,2014(4):28-32.

[18] 袁传有.警察讯问语言的人际意义——评价理论之"介入系统"视角[J].现代外语,2008(2): 141-149.

[19] 张大群.评价的组篇功能研究——以学术论文为例[D]. 上海交通大学,2010.

[20] 赵民. 英语报纸社论语篇评价资源的分布研究:基于系统功能语言学的分析[D].上海交通大学,2014.

[21] GALLARDO S, L FERRARI. Hcw doctors view their health and professional practice: An appraisal analysis of medical discourse[J]. Journal of Pragmatics, 2010(42): 3172-3187.

[22] HOOD S. The persuasive power of prosodies: radiating values in academic writing[J]. Journal of English for Academic Purposes, 2006(5): 37-49.

[23] MARTIN J R, P R R WHITE. The language of evaluation: appraisal in English[M]. New York: Palgrave Macmillan, 2005.

朱熹理学概念“意”的隐喻解读

——以《朱子语类》语料为例

上海立信会计金融学院外国语学院　鲁　进

摘　要：理学核心概念“意”是人心中欲做某事的念头。在理学的概念隐喻中，它被隐喻为连续的实体，因与心的关系而有活力。其力量阴柔，运动路径有长短曲直，位置有深浅。意分私意和诚意，私意常被隐喻成渣滓，脏物，需心中之理和圣贤之言的洗涤或擦除；诚意之“诚”赋予了“意”道德意义，被隐喻为光明所在，能克私意阴暗的遮蔽。诚意作为内修的前提，它的隐喻特点体现在传统修辞的明喻手段。意的隐喻是理学概念隐喻系统的一部分，有其系统的连贯性。

关键词：概念隐喻；意；私意；诚意

“意”是理学核心概念之一，朱熹弟子陈淳在《北溪字义》对概念“意”做了专门阐述，认为其含义为心中出现的欲做某事的念头（陈淳，1983:17-18）。意在今天的含义有意图、意义、心情等，《说文解字》将之解释为“从心察言而知意也”，《康熙字典》解释有“从心，从音。意不可见而象，因言以会意也”。因此，意的含义是人们言语中流露出来的心中之念。在理学中，意必须合于天理，一旦流露出来，就成为情，成为情的一种特殊形式。意也是情的逐步具体的过程，有诚意和私意之分。诚意是《大学》八条目“明明德”要求之一，无诚意则仁德不能显现。仁德作为天理的反映，会受私意遮蔽，不利于仁的实践，故朱熹认为：“若能克去私意，日间纯是天理，自无所忧，如何不是仁？”（黎靖德，1986:983）

意和志是体用关系，意为体，志为用。朱熹赞同张载的观点，认为“志公而意私，志刚而意柔，志阳而意阴”，还认为“志是公然主张要做底事，意是私地潜行间发处。志如伐，意如侵”（黎靖德，1986:96）。阳刚是志的特点，光明正大；

阴柔是意的属性,难以捉摸。意远志必高,意浅志必短。

对意的研究不多,涉及范围主要在哲学思想(张学智,1993:61-67;陈四光、余仙平,2012:25-30;阚红艳,2017:31-35)、美学(肖鹰,2000:47-53)等,但作为理学核心概念,其重要性在于其归属于理学心性范畴的道德意义。对此我们还有必要从当今认知的角度加以深刻理解,尤其是语境在其隐喻中的作用(Kôvecses, 2015:14)。意的内容是隐喻的,其意义的隐喻性理解需要理学的语境才有形而上的抽象。

1 "意"的隐喻

传统修辞学将隐喻视为语言的文饰,起着美化语言的作用,而在当今认知语言学中,隐喻是思维和理解的手段,它将已知领域的理解和经验投射到未知的或难以理解的领域,以帮助理解未知领域的内容(Lakoff 和 Johnson, 1980:9)。已知领域的经验通常是具体的,易于理解的,我们称为源域(source domain);未知领域通常是抽象的,难以理解的,我们称为目标域或靶域(target domain)。例如,莎士比亚说世界是舞台,他把世界隐喻成舞台,舞台的因素映射到世界,于是,其隐喻就蕴含了人生如戏、男女如演员、出生是登场、死亡是退场等内容。如此"世界"作为靶域,就比较好理解了。我们对生活的理解是隐喻性的,故我们对于概念的理解和表达也是隐喻性的。这种隐喻性也是哲学解释世界的手段。在哲学上,时间、存在、思想、理解、爱、幸福、伦理、道德等概念都是不可避免的抽象内容,需要具体化的隐喻解释;而具体化需要我们能够对源域的直接感知,体现在空间方位,我们的触觉、视觉等。如抽象的时间被当作空间理解,故时间有前、后、上、下的区别;再如,思想被当作实体,同我们的感官发生关系,如食物,所以我们对思想有精神食粮和消化吸收的隐喻理解。

意的隐喻是理学隐喻网络的一部分。在理学隐喻系统内,心是透明的发光容器,性和天理是纯净的流体。从心、性、情三者的关系来看,理学认为,心中含有性,心若动,心内的性就变为外在的情。情是性的外在具体化,而性是天理在人心的内容,受心的支配。情有多种表现形式,故有七情六欲的说法。意属于情的特殊形式。性与天理同质,被视作流动物(纯净的水),而意来自心内，属于性的变体，因此，意也是流动的液体。意的源域体现在其流动的力量、路径的曲直、光线的明暗、位置的深浅等。

首先，理学认为意有力量，发源于心。和志相比，志刚健有力，而意流动的力量阴柔潜迫，所谓“志如伐，意如侵”。

其次，在曲直方面，意的流动有路径，故隐喻表达是“意脉”，其路径有长、短、高、远的区别。换个角度看，理学隐喻中，有“气的流动犹如水的流动”的隐喻理解，而天理随气而行，故天理被理解为不间断的流动物；天理的某部分被人心理解后，人心欲对该部分进行表达，其内容也是意；因其连续性，被称为意脉，有长有短，有高有远。例如：

(1) 颜子博文约礼，工夫缜密，从此做去，便能寻得个意脉(黎靖德，1986:799)。

(2) 善人之意长，恶人之意短(黎靖德，1986:1163)。

(3) 且圣人之意尽有高远处，转穷究，转有深义(黎靖德，1986:456)。

(4) 又曰：“颜子才有不顺意处，有要着力处，便是过。”(黎靖德，1986:966)

“意脉”表明意的连贯。上述例句中意的隐喻是具有长度的路径意象，特点是长、高、远、畅、连续。意是由性到情的最初阶段。心依性理而动，表现为情，若表现强劲有力，则是志。但心有动念，情未完全外现的阶段，属于意。阶段是时间长度，我们以空间理解时间，在隐喻上是“时间长度是空间长度”，故情未完全外现的意的阶段，在隐喻表达上是“意脉”。例(1)在原来的语境中，意脉含义有二。一是说天理的流行无所不在，无一丝间断，颜子循天理而为，会对理的含义有部分理解，即“寻得意脉”。二是缜密的工夫也有思考的过程，在思考中找到循理而为的路径，这也是寻得意脉。性有善恶，意也有善恶，因此，例(2)认为与人为善之意脉长，与人为恶之意脉短。意脉是一维的，故例(4)有“顺意”之说。志是意之用，意是有待彰显为志的念头，故志的高远的前提是意脉流动路径的高远，如例(3)。

再次，意的隐喻有明暗之分。因明亮意谓可见，而可被看见在隐喻上意味着可被认识和理解，所以，“明”表示理解和明白时，是隐喻含义的引申。理学的心常被隐喻为发光的容器，人的意若杂有私欲贪念，心就会阴暗，人就会不明事理，故私意常被比喻成阴暗之物，障碍物，妨碍光明。例如：

(5) 少间只成私意，皆不能尽道理。尽得此心者，洞然光明，事事物物无有不合道理(黎靖德,1986:1425)。

(6) 曰:“只为明得不尽。若明得尽,私意自然留不得……”(黎靖德,1986:391)

上两例中,私意存,心便不能光明。反之,心若光明,私意便不存在。去除“私意”的遮蔽,人们方能对道理“明得尽”。

此外,曲折也是意的意象路径图式特点,所以,理学著作和人们的日常语言中有“曲意周旋”和“曲意徇物”等表达。“曲意”有因某种目的而委曲己意、奉承别人的含义。这中间存在着“曲”义的隐喻引申的过程。“曲”由弯曲的含义转义为“使……弯曲”。“曲意”字面义是使“意”弯曲,“意”被隐喻成可弯曲的物体,进而抽象化,“曲意”变成抽象的心理的委屈。

而且,意有深浅。理学中也常有“深意”和“意深”的表达。意的深浅是实体隐喻,此处涉及容器隐喻。意来自心,是心的内容。心被隐喻为容器,容器隐喻的重点在于其内容。常理认为容器越深,其所纳内容越多,发自内心深处的意也就别有玄机。

2 “私意”隐喻

本体隐喻认为,经验可被当作不连续的实体和物质,可对之分类,分组,量化(Lakoff 和 Johnson,1980:25)。理学“私意”的隐喻主要是本体隐喻,它被视为物体,有物质的特点,与之对立的是“诚意”。私意常常被隐喻为妨碍“明明德”的物体,而诚意因为“诚”而成为具有高尚道德的光明物。私意有私心和一己之意两种含义。理学讨论的私意常指私心,仅个别情况下表示一己之意,例如,朱熹批评学生“全然把一己私意去看圣贤之书,如何看得出!”(黎靖德,1986:180),是要求学生不要以自己的偏见揣度书本知识,要克服这种不良的学习方法。

私意的这两种含义,使得私意被隐喻为需要克服的对象。所以,私意在实际语境中,常被隐喻成粗劣无用的渣滓或附于物体外表的肮脏物。这其中有一套系统的隐喻类比。通过下面的例句可以看出:

(7) 人惟有私意,圣贤所以留千言万语,以扫涤人私意……(黎靖德,1986:188)

(8) 又问:“渣滓是甚么?”曰:“渣滓是私意人欲。天地同体处,如义理之精英。渣滓是私意人欲之未消者。人与天地本一体，只缘渣滓未去，所以有间隔。若无渣滓，便与天地同体。‘克己复礼为仁’，己是渣滓，复礼便是天地同体处……若未到此，须当庄敬持养，旋旋磨擦去教尽。”（黎靖德，1986:1151）

（9）盖为私意所蔽时，这广大便被他隔了，所以不广大……（黎靖德，1986:1586）

（10）“圣人以此洗心退藏于密”，是以那《易》来洗濯自家心了，更没些私意小智在里许，圣人便似那《易》了（黎靖德，1986:1925）。

（11）以理为主，则此心虚明，一毫私意着不得。譬如一泓清水，有少许砂土便见（黎靖德，1986:2745）。

（12）公只是无私，才无私，这仁便流行……水自是元有，只被塞了，才除了塞便流。仁自是元有，只被私意隔了，才克去己私，做底便是仁（黎靖德，1986:2833）。

以上例句内含是系列的对应隐喻映射关系，具体如下：

	源域		靶域
例(7)	水	→	圣贤之言
	扫涤	→	克己
	脏物	→	私意
例(8)	渣滓	→	私意人欲
	旋旋磨擦	→	庄敬持养
例(9)	遮蔽物	→	私意
例(10)	水	→	《易》理
	脏物	→	私意
例(11)	光明物	→	理之心
	脏物	→	私意
	清水	→	心中之理
	砂土	→	私意
例(12)	水流	→	仁的流行
	堵塞物	→	私意

以上的对应映射中，“私意”的源域内容皆是实体或所在，妨碍理、仁、心等，如例(8)中的“渣滓”被隐喻为人性中的杂质，妨碍人性之善。去除之，人性便仁。去除手段是“旋旋磨擦”，是以“克己”的方式达到“复礼”的目的，而“克己”的过程必须保持“庄敬持养”，使人性与天地之性之间不复有“私意”的阻隔。

在例(7)～例(12)中有四个明的源域。首先，“私意”是脏物、渣滓，需要水的冲洗，如例(7)，即用圣贤之言克去己私，如同用干净的水“扫涤”脏物。其次，“私意”是堵塞水流的物体，如例(12)，“私意”对仁的阻碍犹如砂土对水流的壅塞。再次，“私意”是渣滓，脏物，妨碍人性之善，需擦除或揭去，如例(8)、例(9)。最后，圣贤之言、《易》理是水，纯净透明，人心若混杂私意的污染，可以之冲洗，如例(10)。

私意的隐喻表达所含道德的隐喻逻辑有二。首先，脏物需要洗涤。私意是心内肮脏的东西，心内所含的反映天理的性会受到私意的污染，只能由外来的纯净的水来冲洗，这种水就是任何能够反映天理的事物，如圣贤之书。其次，物体表面的脏物需揭去或擦除。私意如同此等脏物，遮蔽人心，使心内黑暗。人心原本光明，是因人性本善，但后天的私意犹如渣滓，附着于心，需要去除，而去除的过程是庄敬持养的克己的功夫，是“诚”的表现。

3 “诚意”隐喻

“诚意”源自《大学》八条目，与私意对立，强调不自欺和内心真实，属于“明明德”的要求。意诚可克服私意，是工夫的一种。“诚意”的隐喻关键在于诚。诚即实，它的天道、自我完善、尽性的含义源自《中庸》。周敦颐认为诚是“五常之本，百行之源”(周敦颐，2002:21)。朱熹在前人的基础上，完善丰富了“诚”的概念，对于程颐的“自性言之，为诚；自理言之，为道”(程颐、程颢，2004:1182)。朱子曰：“诚以心言，本也；道以理言，用也。”(朱熹，1985:54)朱子把程颐的性诚理解为心诚。性是心的实质，但是心有神明的知性，这就赋予了“诚”以生命的内涵。“诚”自此有了天理之诚，性之诚，和心之诚。朱熹认为三者是一体的，曰：“性者，人生所禀之天理也”(朱熹，1985:410)，又说：“一心之谓诚。”(黎靖德，1986:101)自心和性的认知转喻替代关系来看，心之诚与性之诚说法虽异，其理一致。天理之诚是理之实，是宇宙自然的本然，而心性之诚是心之本，是天理在人心的反映。如此，理学以“诚”规定“意”，最终赋予了“意”的来自天理的道德意义。诚在理学著作中通常被隐喻为光明之处，无诚是因为有私意，如：

(13) 先生指灯台而言：“如以灯照物，照见处所见便实；照不见处便有私意，非真实。”(黎靖德，1986:276)

《朱子语类》中，“诚意”隐喻的典型特征是利用传统修辞学的明喻手段加以说明，更加直白，直观。例如：

(14) 学者到知至意诚，便如高祖之关中，光武之河内(黎靖德，1986:464)。

(15) 意诚，如蒸饼，外面是白面，透里是白面。意不诚，如蒸饼外面虽白，里面却只是粗面一般(黎靖德，1986:304)。

(16) 曰：“心无形影，教人如何撑拄。须是从心之所发处下手，先须去了许多恶根。如人家里有贼，先去了贼，方得家中宁。如人种田，不先去了草，如何下种。须去了自欺之意，意诚则心正……”(黎靖德，1986:304-305)

(17) 且意未诚时，譬犹人之犯私罪也；意既诚而心犹动，譬犹人之犯公罪也，亦甚有间矣(黎靖德，1986:424)。

(18) 问“意既诚矣”一段。曰：“不诚是虚伪无实之人，更理会甚正！正如水浑，分甚清浊……”(黎靖德，1986:424)

例(14)以历史典故类比“意诚”是事业成功的开端。对八条目之间的关系来说，“格物”“致知”讲治学；“正心”“诚意”讲内修；“修身”“齐家”“治国”“平天下”讲外治。“诚意”是内修和外治的中介，是完善内修，进而规范自身行为，达到齐家和治国的第一步，其重要性如同汉高祖入关中，汉光武帝得河内，是各自取得天下的开始。在例(15)中，“诚”喻指真、纯，不诚意味着杂伪，如蒸饼内外异质。例(16)、例(17)和例(18)谈心正必先意诚，不诚便是自欺；心有私意，如家中之贼，有罪之身，田间杂草，浑浊之水，说明“诚意”是克服私意的结果，是内修不可缺少的环节。

简言之，意作为心中之念，它是隐秘的、动态的。意的道德含义来自“诚”，意不诚是因为有人欲之私，成为私意。私意被隐喻为渣滓、脏物、心或理的遮蔽物、仁的阻碍等。意的理学意义不仅源自其隐喻源域和靶域之间的隐喻映射、隐喻蕴含的结果，还源自其所在的理学语境，离开该语境，“意”是个普通词。理学语境使它和理学重点概念心、情、诚、志等发生关系，从而有了形而上的哲学意义和明确的道德含义。

参考文献

[1] 陈淳. 北溪字义[M].北京：中华书局，1983：17-18.
[2] 陈四光，余仙平.宋代理学志意心理思想研究[J].天府新论，2012(3).
[3] 程颐，程颢.二程集，程氏粹言(卷1)[M].北京：中华书局，2004.
[4] 阚红艳.论宋明理学唯意志论走向——以“意”“志”为论述中心[J].西南科技大学学报(哲学社会科学版)，2017(1).
[5] 黎靖德.朱子语类[M].北京：中华书局，1986.
[6] 肖鹰.意统情志的王阳明美学[J].文史哲，2000(6).
[7] 张学智.论刘宗周的“意”[J].哲学研究，1993(9).
[8] 周敦颐.周敦颐集・通书[M].长沙：岳麓书社，2002.
[9] 朱熹.四书集注[M].长沙：岳麓书社，1985.
[10] KÔVECSES Z. Where metaphors come from: reconsidering context in metaphor[M]. New York: Oxford University Press, 2015.
[11] LAKOFF G, JOHNSON M. Metaphor we live by[M]. Chicago and London: The University of Chicago Press, 1980.

基于空间概念的格助词「に」语法义研究

上海立信会计金融学院外国语学院　周　冲

摘　要：格助词「に」是附属词，表示独立词之间的关系，没有概念意义，只有语法意义。基于空间概念的格助词「に」的语法义包括：「に」所附属独立词为点、线、面、立体空间概念以及描述点、线、面、立体空间概念之间的关系的概念；「に」表示点、线、面、立体空间的位置参照关系；「に」所附属的点、线、面、立体空间概念是"背景"，"突显"参照其位置确定自身位置。概念可隐喻，格助词「に」的语法义通过其所连接的概念的隐喻扩展到其他领域，体现在表示空间概念以外的概念关系中。

关键词：格助词「に」；位置参照；背景；突显

1　引言

关于格助词「に」的语法义，有学者认为"点"是格助词「に」格始终不变的本质意义，这一本质意义使格助词「に」得以在不同语境下实现各个不同的义项(许慈惠，2006)。也有学者认为「に」格表示位于"对峙领域"并与「が」格对峙的对象(场所、参与者等)(森山新，2008：132)。但是，格助词「に」并不仅附属在表示点的概念后，位于"对峙领域"的对象之所以"对峙"也是"图形—背景"理论的印证。

格助词用于表达客观事物之间、人与客观事物之间、人与人之间的关系。人与客观事物存在于时间维度和空间维度中；存在于空间维度的是物体和物质，存在于时间维度是事件和行为。空间可以分为零维点状空间、一维直线空间、二维平面空间以及三维立体空间。在空间概念体系中，格助词「に」附属在表示“点”“线”“面”“立体空间”的概念以及描述“点”“线”“面”“立体空间”之间关系的概念后，表达这些概念与其他概念之间的关系。考察这些空间概念之间的关系，有助于从本质上阐明格助词「に」的语法义。

2 空间理论

空间不是物体得以排列的环境，而是物体的位置得以成为可能的方式，任何一个选定的坐标轴只有通过与另一个方位标的关系才能确认空间（梅洛-庞蒂，2001:281-315；刘国辉，2006）。

在图形—背景理论中，图形是一个移动的或概念上可动的实体，其路径、位置或方向是一个变项，背景则是一个参照实体，在参照框架中具有固定情景的作用。图形和背景是同一认知框架中所涉及的两个实体，其中移动的或相对可动的实体为图形，而相对不动的实体是背景，正是在这种可动与不动的相互关系中，图形以背景为参照而得到突显（Talmy，2000:312；张克定，2009）。

图形的特点是：突显的、较小的、居于中心位置的、可移动的、容易引起注意的、容易辨认的；而背景的特点是：不突显的、较大的、居于边缘位置的、静态的、不容易引起注意的、不容易辨认的，但是两者也不是绝对的，在一定条件下可以转换（邵静敏，2007:240）。

突显分为客观突显和主观突显。客观突显是指实体本身具备客观的吸引人们视线的特点，容易引起人们的关注。主观突显则是指人们可根据情况主观选择突显的对象，当人们的关注的对象发生转移，则突显的实体发生转移，图形与背景发生转移。

3 空间概念与格助词「に」的语法义

点、线、面、立体空间皆由点构成，都位于无限延展宇宙空间中。点、线、面、立体空间是相对的概念，关键看突显的实体是什么，作为参照物的实体是什么。如相对于无线延展的宇宙空间，地球可以被看作一个点，而相对于地表空间，某个建筑物则被看作一个点；在地球表面上，万里长城可以被看作一条线，而在万里长城表面，每一阶台阶都则可以被看作一条线。这种相对的概念关系普遍存在于人们对客观事物、人与客观事物、人与人之间关系的认知中。

格助词连接的是概念，反映在语言中是独立词与独立词之间的关系。在空间概念体系中，格助词「に」附属在表示“点”“线”“面”“立体空间”的独立词以及描述点、线、面、立体空间之间关系的独立词后，格助词「に」所附属的独立词作为“背景”为“图形”确定位置提供参照。

3.1 「に」所附属的独立词为点、线、面、立体空间概念

为了便于研究，我们设格助词「に」所附属的空间概念为 A，通过谓语与 A 连接的另一个空间概念为 B。

A＝点、线、面、立体空间，B＝点

(1) マイボールはまずターゲットボールにあてなくてはいけません。(A＝点，B＝点)

(2) 山手線には一つだけ踏切がある。(A＝线，B＝点)

(3) テーブルの上にりんごがある。(A＝面，B＝点)

(4) 部屋の中に蚊が一匹いる。(A＝空间，B＝点)

A＝点、线、面、立体空间，B＝线

(5) 直線とはその上にある点について一様に横たわる線である。(A＝点，B＝线)

(6) 垂直面に直線を引く。(A＝面，B＝线)

(7) 直線 ABに平行な直線を作成する。(A＝线，B＝线)

(8) 家に長い廊下がある。(A＝空间，B＝线)

A＝点、线、面、立体空间，B＝面

(9) コップの下に敷く紙を買う。(A＝点，B＝面)

(10) 南へ下る高速道路沿いには時折一面の菜の花畑が広がる。(A＝线，B＝面)

(11) フローリングに布団を敷く。(A＝面，B＝面)

(12) 部屋に壁を作る。(A＝空间，B＝面)

A＝点、线、面、立体空间，B＝立体空间

(13) 重さを分散すれば、ラクダでも卵に乗せられる。(A＝点，B＝

空间）

（14）高速道路と線路に近いマンションを買った。（A＝线，B＝空间）

（15）隣の敷地にマンションが建っている。（A＝面，B＝空间）

（16）リビング室に茶室を作る。（A＝空间，B＝空间）

例句(1)～(16)[①]中，A是静态的、位置相对确定的空间概念，B是动态的、位置相对不确定的空间概念。B通过「は」「が」「を」等助词及谓语连接至A，以A为参照物，确定位置，表达一个位置确定的空间概念关系。例句(1)～(16)中的B分别是「ターゲットボール」「踏切」「りんご」「蚊」「線」「直線」「平行な直線」「廊下」「紙」「菜の花畑」「布団」「壁」「ラクダ」「マンション」「マンション」「茶室」，格助词「に」的连接使得这些位置不确定的概念组分别通过相应谓语与A「マイボール」「山手線」「テーブルの上」「部屋の中」「点」「垂直面」「直線AB」「家」「コップの下」「高速道路沿い」「フローリング」「部屋」「卵」「高速道路と線路」「敷地」「リビング室」连接，并以A为参照物确定自身的位置，表达一个位置确定的空间概念关系。A和B通常是对应出现的，这也解释了森山新的"对峙领域"理论。

在确定相应例句的过程中，我们发现"B＝点"的例句比比皆是，这是因为"点"是较为灵活、更容易吸引视线的空间概念；而"A＝点""B＝线/面/立体空间"的例句则难觅踪迹，这是因为跟"点"处于同一空间中时，"B＝线/面/立体空间"更容易被看作是"背景"，用以确定"点"的位置，这是人们的认知规律决定的。同时，当人们有意识地关注"背景"时，"点"也可以转化为"背景"，用以确定"线、面、立体空间"的位置，如例句(5)、(9)、(13)。格助词「に」的作用就在于标示"背景"，为"图形"确定位置提供参照。格助词「に」附着的无论是"点"的概念还是"线""面""立体空间"的概念，都起到"背景"的作用，其他概念指向该背景并固定于与之相关的位置。

在空间概念关系中，不可忽略的一个概念是"人"。人是世界的认知主体，脱离了认知主体，空间概念就无从谈起。认知主体"按照自我的方向形成一个三维坐标体系，其他物体就根据这个三维坐标体系被置于自我的上或下、前或

① 例句(1)～(16)以及文中其他例句皆为搜索引擎yahoo.co.jp检索结果，关键词为各个例句的独立词。

后、左或右”。(邵军航,2009)一般来说,主体对于空间位置的表征主要有三种方式:(a)自我中心表征,即用主体自身与目标物之间的位置关系来表明目标物的具体位置;(b)地标表征,即用环境中的其他物体与目标物之间的位置来描述目标物的具体位置;(c)去自我中心表征,即利用一些抽象的形式(如地图等)来描述目标物的位置(陈英和,1996:206-209;刘国辉,2006)。人是认知的主体,同时也是空间的组成部分,是认知的客体。下面来看几个“人”与客观事物、“人”与“人”之间关系的例句。

(17) わたしは電柱にぶつかったことがある。

(18) 山田さんは公園にいる。

(19) 佐藤さんは今空港に向かっている。

例句(17)～(19)中,格助词「に」所附属的概念仍然是表示空间的概念,而人则被看作空间中的“点”,通过谓语概念与格助词「に」所附属的空间概念连接,并以其为参照确定位置,即「わたし」「山田さん」「佐藤さん」作为空间中的“点”,分别通过谓语概念「ぶつかった」「いる」「向かっている」指向格助词「に」所附属的概念「電柱」「公園」「空港」的位置,以其为参照物确定位置。

(20) 子どもにお菓子をやる。

(21) お客さんにレシートを渡す。

(22) 息子を医者にする。

例句(20)～(22)中,格助词「に」所附属的概念为“人”;此处的“人”就如“点”“线”“面”“立体空间”等概念一样,作用是作为“背景”为通过谓语与之连接的概念确定位置提供参照,即「お菓子」「レシート」「息子」等概念通过助词「を」以及谓语「やる」「渡す」「する」连接至「子ども」「お客さん」「医者」所标示的位置,以其为参照确定位置。

3.2 「に」所附属的独立词为描述点、线、面、立体空间之间关系的概念

空间概念包括点、线、面、立体等概念,也包括点、线、面、立体空间概念之间的关系的概念。如:

(23) 道路は川と平行に走っている。

(24) 両腕を床と平行に伸ばします。

(25) 床が斜めになっている。

(26) 道路が縦横に交差している。

例句(23)～(26)中，格助词「に」所附属的独立词为表示点、线、面、立体空间之间关系的概念，是静态的、位置确定的。例句(23)～(26)中表明关系的概念分别是「垂直」「平行」「斜め」「縦横」，位置不确定的「道路」「両腕」「床」「道路」通过谓语概念「走っている」「伸ばす」「なっている」「交差する」与「川と平行」「床と平行」「斜め」「縦横」分别与「平行」「平行」「斜め」「縦横」等表示空间概念关系的概念连接，借以确定位置。

在“背景”与“图形”的关系中，可通过一个“图形”与“背景”的关系来确定另一“图形”的位置，如例句(23)、(24)、(25)；也可通过“图形”与“背景”的关系来确定两个或多个图形的位置关系，如例句(26)，在这种情况下，这一关系本身就是“背景”。

(27) 彼と結婚に踏み切れる。

(28) お客さんと打合せに行く。

例句(27)～(28)中，格助词「に」所附属的概念为表示人与客观事物、人与人之间关系的概念「結婚」「打合せ」，格助词「に」附着在「結婚」「打合せ」后表明该状态为“背景”，为通过谓语与其连接的“图形”提供位置参考，句子的主题/主语成分分别通过「は」/「が」及谓语「踏み切れる」「行く」连接至「結婚」「打合せ」，以其为“背景”参照确定主题/主语成分的位置/状态。

4 概念隐喻及格助词「に」语法义的体现

隐喻涉及的是完形心理基础的“相似”原则和“顺接”原则，是人们借由一个概念表达另一个概念的思维方式。隐喻的本质是两个概念之间的「相似性」，源域概念与靶域概念之间的“相似性”是实现其映射功能的最根本要素。在认知语言的发展过程中，最初用于空间关系的词语后来被用来喻指时间、状态、过程、关系等抽象概念，这是概念隐喻认知的结果(赵艳芳，2000:48)。

格助词「に」在空间概念关系中的语法义内容包括：「に」所附属独立词为点、线、面、立体空间概念以及描述点、线、面、立体空间概念之间的关系的概念；「に」表示点、线、面、立体空间的位置参照关系；「に」所附属的点、线、面、立体空间概念是“背景”，“突显”借其确认位置关系。该语法义在概念隐喻的作用下广泛体现在其他概念领域中，但其根本的语法义不变，其体现在其他概念领域的理据是概念域之间的相似性，通过概念的隐喻实现。

4.1 格助词「に」所附属的独立词为点、线、面、立体空间概念的隐喻

(29) 6時に起きる。

(30) 都市の健康問題に焦点を当てる。

(31) 人生に戻る道はない。

(32) 歴史にかかわる仕事をしたい。

(33) 自分は人の上に立つ器ではない。

(34) 彼の右にでるものはいない。

(35) 割引を考慮に入れて選ぶ。

(36) 視点を未来に向ける。

例句(29)～(36)中，例句(29)、(30)中格助词「に」所附属的独立词为“点”性概念，例句(31)、(32)中格助词「に」所附属的独立词为“线”性概念，例句(33)、(34)中格助词「に」所附属的独立词为“面”性概念，例句(31)、(32)中格助词「に」所附属的独立词为“立体空间”性概念。

例句(29)中，「に」所附属的独立词「6時」是一个时间概念。时间是抽象的概念，时间线的方向、时间线的形状、相对于观察者而言的时间位置、时间组的次序等都与空间概念中的“线”存在相似性，可用“线”来表达时间的部分特征，构成空间到时间的隐喻映射。人们习惯于用“时间轴”来理解时间概念，而「6時」则相当于“时间轴”上的“点”。「起きる」这个动作以格助词「に」所附属的「6時」这个“点”为背景来确定位置。

例句(30)中，「に」所附属的独立词「都市の健康問題」是一个抽象的概念，可作为“点”与「都市の教育問題」「都市の医療問題」「都市の環境問題」等共同构成「都市問題」这个范畴的“面”，这种“点”与“面”的关系构成“点”到“都市健康问题”隐喻映射，可借助“点”来表达「都市の健康問題」的概念，「焦点」以格助词「に」所附属的「都市の健康問題」这个“点”的概念为“背景”确定位置。

例句(31)中,「に」所附属的独立词「人生」是一个抽象的概念,“人生”有起点、终点,有起伏、岔路,与其他人的人生有交叉点等。这些都与“旅途”存在相似性,可借助“旅途”来表达“人生”的部分特征,构成“旅途”到“人生”隐喻映射,人们常用“旅途”来理解与“人生”有关的概念。「戻り道」以格助词「に」所附属的「人生」为参照确定位置。

例句(32)中,「に」所附属的独立词「歴史」是一个抽象概念。「歴史」的运动状态、不断前进、不可往复、相对于观察者的位置等都与空间概念中的“河流”存在相似性,可借助“河流”概念表达“历史”的部分特征,构成“河流”到“历史”的隐喻映射,人们习惯于借助“河流”来表达与“历史”有关的概念。格助词「に」所附属的「歴史」作为背景为「仕事」确定位置提供参照。

例句(33)中,「に」所附属的独立词是隐喻的空间概念「上」。社会地位或者职位的上下关系与空间实体的上下关系存在相似性,构成空间概念到社会关系概念的隐喻映射,在社会关系的“金字塔”中,拥有更多支配力、更高社会地位的人处在“上”的位置。「人の上」可看作是一个“面”,作为背景确定「わたし」的位置。

例句(34)中,「に」所附属的是隐喻的空间概念「右」。日本素来有挂姓名牌的传统,在空手道、柔道、剑道等练习场都有悬挂姓名牌的习惯,姓名牌的悬挂顺序中,能力越高、位阶越高越靠“右”,这种空间位置的“右”与能力高、位阶高的“高”存在相似性,构成空间位置“右”到能力“高”的隐喻映射。「右」可被看作一个面,作为背景为「もの」确定位置提供参照物。

例句(35)中,格助词「に」附属的独立词是抽象概念「考慮」。“考虑”是人脑思考的内容,其有内容、有边界的特点与立体空间存在相似性,可借助“空间”来表达“考虑”的部分特征,构成从立体空间到“思考”的隐喻映射,用有边界的空间来理解“考虑”这一抽象概念。格助词「に」附属在「考慮」后作为背景为「割引」确定位置提供参照。

例句(36)中,格助词「に」所附属的独立词是抽象概念「未来」。在“时间是空间”的隐喻体系中,按照认知主体作为参照点的原则,时间被划分为过去、现在、将来三个段,现在是认知主体所在的空间,过去是认知主体过去所在的空间,将来则是还没有到的空间(邵军航,2009)。格助词「に」附属在「未来」后作为空间背景为「視点」提供位置参照。

4.2 格助词「に」所附属的独立词描述点、线、面、立体空间之间关系的概念

(37) 話し合いは平行線に終わる。

(38) 交渉は合意に達する。

例句(37)中,格助词「に」所附属的是隐喻的空间概念「平行線」。"平行线"是表示空间概念之间关系的概念,其没有"交点"的特征与「話し合い」没有取得共同接受的"点"存在相似性,可借助"平行线"这一具体概念表达"没有谈拢,没能取得共识"的状态,构成空间概念到抽象概念的隐喻映射。格助词「に」所附属的「平行線」为「話し合い」确定状态提供背景参照。

例句(38)中,格助词「に」所附属的是抽象概念「合意」。「合意」具有"交叉"的特征,这一特征与线的"交叉"存在相似性,可借助线的"交叉"这一特征表达(交涉双方)最终找到了双方皆可接受的"点",取得了"共识"的状态,构成隐喻映射。格助词「に」所附属的「合意」为「交渉」确定状态提供背景参照。

5 结语

通过研究,我们发现格助词「に」的语法义与点、线、面、立体空间概念紧密相关。格助词「に」所附属的概念是"背景",而通过谓语与之连接的概念是"图形";"图形"以背景为参照确定位置和状态。基于空间概念的格助词「に」的语法义内容包括:「に」所附属独立词为点、线、面、立体空间概念以及描述点、线、面、立体空间概念之间的关系的概念;「に」表示点、线、面、立体空间的位置参照关系;「に」所附属的点、线、面、立体空间概念是"背景","突显"借其确认位置关系。概念可隐喻,格助词「に」的语法义通过所连接的概念的隐喻扩展到其他领域,体现在表示空间概念以外的概念关系中。

参考文献

[1] 陈英和.认知发展心理学[M].杭州:浙江人民出版社,1996.

[2] 刘国辉.图形—背景空间概念及其在语言中的隐喻性表征[J].外语研究,2006(2).

[3] 莫里斯·梅洛-庞蒂.知觉现象学[M].北京:商务印书馆,2008.

[4] 森山新.認知言語学から見た日本語格助詞の意味構造と習得[M].日本:ひつじ書

房，2008.

[5] 邵军航.指示类委婉语及其距离机制[J].信阳师范学院学报(哲学社会科学版)，2009(2).

[6] 许慈惠.试析格助词“に”的点性本质意义[J].日语学习与研究，2006(4).

[7] 张克定.图形—背景论视角下的汉语存现构式[J].外国语文，2009(5).

[8] 赵艳芳.认知语言学概论[M].上海：上海外语教育出版社，2000.

[9] TALMY L. Toward a cognitive semantics, vol. 1: concept structuring systems [M]. Cambridge, Mass: The MIT Press, 2000.

“试探性问句”语用分析

上海立信会计金融学院外国语学院　胡　宇

摘　要：问句是人们日常交际时的常用手段。作为问句的分类，“试探性问句”在言语使用中扮演着重要的角色。本文讨论的是“试探性问句”与其他类型问句的区别特征、言语结构特点和语用功能。

关键词：试探性问句；间接言语行为；言语特征；语用功能

1　试探性问句

问句在日常言语交流中扮演着重要的角色。在日常交际中，较之陈述句和祈使句，问句更谋求对方的合作。但值得注意的是，这种合作并不意味着所有的问句都期望受话者给出答案。在某些语境下，受话者没有作出言语反应，也可以被看作是问句功能的体现。传统上，问句大致可以分为疑问句、设问句和反问句三类。在语境作用下，三大类问句各自起到不同的交际作用。但是，传统分类下的问句功能和作用有重叠。比如，反问句和设问句都可以起到吸引对方注意的作用。这两类问句的问者心中其实早已有答案。有些语言学家在传统问句分类上，根据其在语境下的功能再作了细分，如 Leech(1983:114)认为，在疑问句中，至少像“核实类”问句(examination questions)和“修辞类”问句(rhetorical questions)的言外之力不是简单的询问(asking)。但是，leech 并没有对“核实类问句”的定义和界定作出进一步分析和解释。Green(1996:159-161)根据问句在语境中的功能，把问句分为四类，即“询问”(sincere questions)、“修辞”(rhetorical questions)、“澄清”(clarification questions)和

“求证”(confirmatory questions)。

本文要讨论的是起到试探对手作用的问句，我们称其为“试探性问句”。如：

(1) 背景：袁世凯想要称帝；情景语境：为了了解各省督军的想法，他把他们召集到北京，然后逐个询问，他会问这些官员同样的问题：

“这几年我们办共和，办得怎样？”

(《北洋军覆灭记》，探索·发现，CCTV-10)

很明显，袁世凯的目的并不是真正想了解“共和”办得怎样，而是想通过这个问句来试探，了解受话者对“共和”或“帝制”的态度。“试探性问句”的目的和作用是为了掩盖自己的真实意图，使用一个问句，获取相应答案并与另一个潜在问句的答案作匹配。“试探性问句”的优点是，说话者进退自如；缺点在于受话者可能无法识破说话者的真实意图，或者受话者虽然识破了说话者的真实意图，却因为试探性问句，使受话者在回答时获取了较大回旋余地，从而使说话者的意图落空。

“试探性问句”不同于 Green(1996)所说的“修辞”类问句、“澄清”类问句或“求证”类问句。“修辞”类问句的说话者是不期望得到答案的(Green, 1996: 160)。“修辞”类问句与“设问句”和“反问句”有几分相似。而例(1)中，袁世凯的“试探性问句”是期望得到答案的，因为只有这样才能了解到对方的想法(可能不是对方真实的想法)，并对这些想法作判断，以确定下一步行动。“试探性问句”不完全等同于“澄清”类和“求证”类问句。“试探性问句”和“澄清”类与“求证”类问句的区别特征在于，问话者心中是否有明确答案(Green, 1996: 160)。如在例(1)中，袁世凯不知道那些官员们心里是怎么想的，所以发问。在这种语境下，“试探性问句”更偏向于“询问句”。此类询问具有很强的目的性。如果再做细分的话，可以看作是 Leech 所述的“核实类”问句下的一个分类项。

2 间接言语行为

我们看到试探性问句采用了迂回的提问方式。那么，它是否属于间接言语行为呢？首先，我们需要回顾一下间接言语行为的基本概念和特征。间接言语行为是由 Searle(1975)提出的。Searle 认为,间接言语行为指的是通过一种言外行为间接地执行另一种言外行为的情况(Searle, 1975;何兆熊,2011:63),即在间接言语行为中,某种施事行为通过另一种施事行为来迂回地体现。Huang 对间接言语行为的定义是"言语行为的言外之力与句子的类型不直接匹配"(a speech act whose illocutionary force and sentence type are not directly matched)(2009:281)。定义明确指出间接言语行为的特点是:句子形式和其应当具有的言外之力不匹配。总结两种定义可见,间接言语行为的特征可以归纳为"迂回"性,即说话人为达到交际目的,采用迂回方式;同时,句型与其基本功能相背离。由于"迂回"性及句型与其基本功能相背离,从而使受话者在理解间接言语行为的言外之力时,会付出更大的认知努力。Searle(1975)甚至认为受话者需要 10 个步骤的推理才能完全理解说话人的真实用意。

认知语言学家运用"脚本理论"解释间接言语行为的言外之力产生的原因。如 Panther 和 Thornburg(1998)在 Lakoff(1987)提出的理想化认知模型(idealized cognitive model)基础上,进一步设计了"言语行为脚本"(speech act scenario),提出用"转喻理论"对间接言语行为作解释。"言语行为脚本理论"从认知的角度为间接言语行为的推理提供了理据。Panther 和 Thornburg 的解释步骤高度概括化,从事前(before)、核心(core)和事后(after)三个方面,考虑间接言语行为的认知过程。他们认为,间接言语行为的言外之力弱于直接言语行为,是因为间接言语行为的"转喻"离脚本的核心远。

对于间接言语行为的言外之力产生的原因,英国语言哲学家 Leech(1983:35)使用"问题解决法"(problem-solving)分析框架进行分析:说话者的言语目的在于,在特定语境下,使受话者明白自己的言语意图,而受话者的目的是通过对语境的判断,解读言语的信息和说话者的意图。Leech 的"问题解决法"的分析模式,融合了 Searle 的"合适条件"和 Grice 的"会话含义原则",在分析问题时,具有较强的操作性。间接言语行为的言外之力的产生和理解需要在语境作用下,说话者和受话者共同参与完成。说话者构建"迂回"式,受话者决定句型是否和其功能相背离。这是间接言语行为应具有两大特征。比如:

(2) Would you mind opening the door?

受话者至少可以有如下几种的反应:A.二话不说,立即执行;B.回答说

“No, I don’t mind”,然后去打开门;C. 说完“No, I don’t mind”后,却没有任何反应。前两种反应可以看作是“Would you mind opening the door?”间接言语言外之力的实现。在第二种反应中,从表面上看,受话者依然将这个句子看作问句,但受话者的行动表明,受话者在潜意识中已将其看作了祈使句。这是个非典型的间接言语行为。这样的情况往往出现于上级对下级、主人对仆人的对话中。而在第三种反应中,受话者并没有把“Would you mind opening the door?”看作是间接言语行为,或者说受话者不愿意把“Would you mind opening the door?”看作是间接言语行为。

那么,“试探性问句”是否满足间接言语行为的两大特点呢?

首先,从说话者角度讲,说话者的目的仍然是寻求答案,解心中之惑。如果采用“问题解决法”分析框架,不难看出,袁世凯的“试探性问句”采用了迂回的方式。以下是对这种分析框架的直观描述。

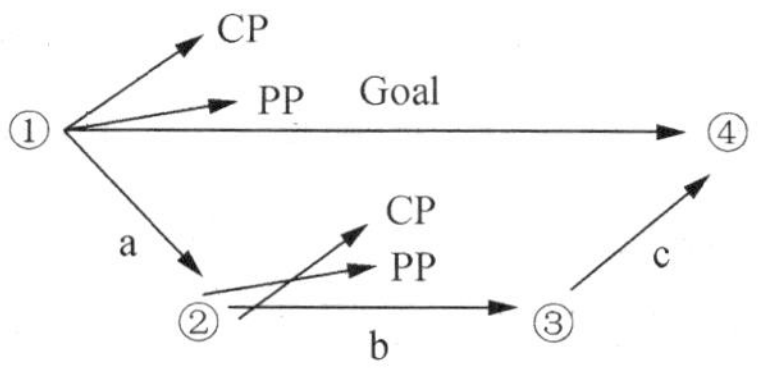

① S提出问题给H。(可能忽视CP和PP原则)
a. S询问“共和”办的如何。
② H意识到S询问X,自己对共和的态度。
b. H根据CP和PP的原则回答。
③ S解读H的回答。
c. S判断H的回答的真实性。
④ S了解H的态度,根据H的态度选择以后的话题。

其次,从受话者角度讲,如果受话者给出了说话者想要的信息,说明句型和其功能相符,说话者只是采用了迂回式。但是如果受话者根据语境,作出的反应是回答“一切听您的”,或者一言不发,而后退出,然后大搞帝制准备,那么这个问句就是个间接言语行为。因为受话者将其看作了祈使句,句型和其功能发生了背离。

3 试探性问句的言语特征

3.1 语音的选择

根据语境,说话者通过语调,比如句尾的语调变化,可以改变“试探性问句”真实意图的隐藏程度。说话者可以使用与其他疑问句相似的升调结尾。这种方式可以显示出袁世凯更注重礼貌,顾及双方的面子。在语气上更像征询意见，摆出礼贤下士的样子，扮演开明领导人的角色。如果面对的是地方实力派，那么为拉拢这些人，袁世凯可以采用这种方式。

说话者也可以使用降调，同时延长"样"的韵母[ang]的发音时间，作出发号施令的语气。

3.2 句法和语义选择

单从组合角度观察，该问句的句法结构与其他一般的疑问句的特征相仿。但这并不说明结构不重要，如果把结构"办得怎样？"变为"怎么办？"，那么效果会完全不同。在聚合关系上，袁世凯巧妙地选择了"办"字。在"办"的外延中，有一项是"试办"的意思，这个"办"字给受话者留下了遐想的空间。在语境作用下，在形成语迹时，说话者会同时考虑语调、语义和句法的结合，产生表层，起到试探性作用的问句。这也充分说明，在形成语言过程中，语义功能和语言结构共同发挥作用(陈保亚 2009)。

4 受话者的理解和反馈过程

受话者在理解说话者言语时，需要根据自身经历，尽力站在说话者的角度看问题。采用"problem-solving"分析框架，受话者对袁世凯的问题的解读过程是：

A. ? X。

B. S 提出问题给 H。

C. B 的作用是要向 H 了解 X(minimum illocutionary assumption)。

D. S 知道 X(共和办的情况)。(不符合方式原则)不符合真诚条件。

E. S 不知道 H 对 X 的看法。(量原则)前提条件。

F. S 想知道 H 对 X 的看法。(关系原则)根本条件。

受话者能否识破这个"试探性问句"的关键，在于能否识破 D 步骤，即受话者是否认为袁世凯确实不知道共和的情况，而把所有知道的关于共和"好"和"坏"的情况都告诉袁世凯。在受话者识破袁世凯意图的情况下，仍然可以选择合作，讲明自己的立场，或者不合作而隐蔽自身的立场，甚至误导说话者，使其相信自己的意图。受话者会审时度势，作出相应的选择。

类似的例子还有“指鹿为马”。在场的所有大臣中，大约有这么几类：一种没能识别说话者的交际意图和言外之力（这种人在当时的朝堂上应该属于凤毛麟角）。在附和赵高的大臣中，一种选择了合作，表明立场：有的显示出了他们对秦的忠心耿耿，有的则显现出他们对赵高的奴才本质；另一种既捕捉到了赵高的信息意图也识破了其交际意图，但是选择不合作，隐藏自己的意图，韬光养晦。

5 “试探性问句”的语用功能

首先，从“面子”角度来看，如果例(1)中的受话者不赞同袁世凯的想法，就会影响到袁的积极面子。但从“礼貌原则”角度来看，袁世凯的回旋余地会大一些。我们可以设想，如果被问的官员对帝制不以为然，袁世凯很可能会隐藏其意图，更换谈话主题，最后不欢而散；或者，袁世凯干脆玩弄手腕，表面上同意对方的看法，不授人以“颠覆共和”的口实，而背地里大搞帝制。总之，这样可以使自己立于不败之地，使自己最大程度地得“惠”。这是一种“圆滑的”“老道的”交际手段。

其次，从会话序列来看，“试探性问句”好像会话中的前置序列（pre-sequence）。“试探性问句”像是前置询问（pre-request）。如果我们从会话序列的角度来给“试探性问句”下一个定义的话，它就是人们在表明意图前的引导问句。“试探性问句”可以被看作是前置询问的一种形式，根据当时的语境，其言外之的若隐若现。“试探性问句”说话者以后的言语会根据受话者的反应而变化。例(1)中的言语活动的走向是一种说话者和受话者相互“碰撞”“谈判”（Thomas，1995:22）和“妥协”的过程。可以说，说话者和受话者在共同导演着这出“大戏”。这样的“试探性问句”在日常生活和各种文学体裁作品中很常见。

6 结语

以上分析发现，“试探性问句”既不属于“修辞”类问句，也不属于“澄清”或者“求证”问句，而是 Leech 所述的“核实”类问句下的一个分项，以“试探”或

“核实”受话者的看法或意见是否和自己的看法和意见一致。

参考文献

[1] 陈保亚.当代语言学[M].北京:高等教育出版社,2011.

[2] 何兆熊.语用学[M].上海:上海外语教育出版社,2011.

[3] 胡壮麟.语言学教程[M].3版.北京:北京大学出版社,2006.

[4] 冉永平,张新红.语用学纵横[M].北京:高等教育出版社,2007.

[5] 张德禄,刘汝山.语篇连贯与衔接理论的发展及应用[M].上海:上海外语教育出版社,2003.

[6] GREEN M G. Pragmatics in natural language understanding [M]. New Jersey: Lawrence Erlbaum Associates, 1996.

[7] HUANG YAN. Pragmatics[M]. Beijing: Foreign Language Teaching and Research Press,2009.

[8] LAKOFF GEORGE. Women, fire and dangerous things [M]. Chicago: The University of Chicago Press, 1987.

[9] LAKOFF GEORGE, M JOHNSON. Metaphors we live by [M]. Chicago: The University of Chicago Press, 1980.

[10] LEVINSON, STEPHEN C. Pragmatics [M]. Cambridge: Cambridge University Press, 1983.

[11] LEECH G N. Principles of pragmatics[M]. London and New York: Longman Group Limited, 1983.

[12] MEY, JACOB L. Pragmatics: an introduction[M]. Oxford: Blackwell Publishers Ltd., 1993.

[13] PANTHER, KLAUS-UWE, THORNBURG LINDA. A cognitive approach to inferencing in conversation[J].Journal of Pragmatics, 1998.

[14] PANTHER, KLAUS-UWE, THORNBURG LINDA. On the nature of conceptual metonymy [C].//Panther, Klaus-Uwe, Thornburg Linda. (eds.) metonymy and pragmatic inferencing. Amsterdam and Philadelphia: John Benjamins Publishing Company, 2003.

[15] SEARLE J. Indirect speech acts[C].//In Cole, P. & Morgan, J.(eds.) Syntax and Semantics, Speech Acts. New York: Academic Press, 1975.

[16] SEARLE J. Expression and meaning: studies in the theory of speech acts[M].Beijing:

Foreign Language Teaching and Research Press，2001.
[17] DAN SPERBER，WILSON DEIRDRE. Relevance：communication and cognition[M]. 2nd ed. Oxford：Blackwell Publishers Ltd.，1995.
[18] JENNY THOMAS. Meaning in interaction：an introduction to pragmatics [M]. London：Longman，1995.
[19] JEF VERSCHUEREN. Understanding pragmatics [M]. London：Edward Arnold (Publisher) Limited，1999.
[20] GEORGE YULE. Pragmatics [M]. Shanghai：shanghai Foreign Language Education Press，2000.

论英语从标准英语到全球通用语的转变

上海立信会计金融学院外国语学院　王爱华

摘　要：随着全球化时代的来临，英语发生了从标准英语到全球通用语的转变，已经成为一种多元形式、多元文化和多元功能的语言。这也意味着英语交际对象和交际目的的多元化。英语性质的改变必然会带来英语学习者学习目的和方式的转变。

关键词：标准英语；全球通用语；跨文化交际

1　标准英语

对于什么是标准英语(standard english, SE)，语言学界一直存在着广泛的争论。一种是"唯一标准"，即以英国语言学家 Quick 为代表的把"内圈英语"当作"标准化"的英语，特别是英国英语和美国英语。他们认为无论是将英语作为母语、第二语言还是外语来学习，SE 都应该是课堂里的唯一教学媒介，允许其他变体的存在是对标志英语规范的破坏。另一种是以美国语言学家 Kachru 为代表的"多元标准论"者，他们采取更宽容的态度，既然在内圈和外圈国家里，英语的各种变体已成为某些特定语言社区内的交流工具，这些变体就应该得到承认。

从中国英语的学习和使用来看，虽然我们通常认可"圈内英语"为标准英语，但在实际的学习中主要还是以英国英语和美国英语为蓝本。从我们的英语教材中可以看出，我国的传统英语教育一般采用的是英式英语教材，无论从单词拼法还是音标发音上都在传授英国英语的习惯。但在 20 世纪 80 年代至 90 年代，随着美国文化在我国的影响日益加大以及互联网的普及，美国英语正在取代英国英语的地位。与书本教材形成鲜明对比的是，目前国内形形色色的有声英语教材以及特色鲜明的新型培训中大都采用纯正美语，如有统计指出国内流行的听力、口语教材中的录音和录像，90％以上聘请的是美籍专家。

2 英语——全球通用语

面对英语的世界性发展，国际语言学术界早在20世纪80年代就开始了研究。尽管国际学术界对英语作为世界性语言的说法不一、称呼不同，有的称英语为世界语言（world English），有的称英语为国际语言（international English），还有的称之为全球通用语（global English），但实质大体相同。

世界英语的概念和理论最早是语言学家Kachru（1986）提出来的。他认为，所谓世界英语是指英语在世界各国的使用与发展并产生的各种英语变体，如新加坡英语、印度英语、南非英语等。也就是说，作为世界语言的英语包括所有在全球跨文化交际使用的英语变体，而不仅限于盎格鲁-撒克逊英语。

根据英国著名学者Crystal（2001:57）的统计，全世界现有57个国家以英语为第一语言，也就是官方语言，人数45亿；67个国家以英语为第二语言，人数3.5亿；在一些人口众多的发展中国家，如中国、日本、俄罗斯、印度尼西亚、巴西等，以英语为外语并且达到相当程度的人有12亿到15亿。目前，世界上超过1/3的人掌握了英语。他预测，随着发展中国家人口数量的增加和英语在世界范围内的强势传播，10年以后，以英语为第二语言的人数将超过以英语为第一语言的人数，50年后，还会增加50％，但目前的数字已经表明，以英语为外语的人数超过了以英语为第一语言和第二语言人数的总和。毫无疑问，英语已经成为当今的国际语言或全球通用语（或世界语）。

3 全球通用语英语的功能

随着英语地位的变化，其功能也发生了一些变化，特别是随着经济的全球化，今天的英语无论在功能上还是在结构上都是一门独一无二的语言。首先我们必须认识到在全世界英语的变体范围之广。根据Robert Phillipson在《语言领域的帝国主义》一书的划分，第一类是以英语为母语的核心国家，包括美国、英国、加拿大、澳大利亚和新西兰;第二类是以英语为第二语言或外语的周边英语国家,这些国家大都曾是英美等国的殖民地,如印度;第三类就是以英语为外语学习的国家,如中国、俄罗斯等。这就是说除了所谓的标准的美国英语和英国英语之外,还存在着诸如加拿大英语、澳大利亚英语、印度英语、新加坡英语、菲律宾英语等等的英语变体,它们或多或少都带有自己民族的特点,体现本民族的文化。随着英语标准的多样化和交际对象、交际目的的多元化,美国英语或英国英语将无法满足中国同世界交往的需求。换言之,我们可能不仅使用英语同英美和其他母语是英语的人交流,还有可能与韩国人、日本人、泰国人、印度人或者新加坡等亚洲人甚至欧洲人、非洲人交流。因此,英语不但是交流的工具,而且是一门跨国界交流的国际通用语。作为全球通用语,英语被人们当作有效的跨文化交际的工具,在运输、旅游、国际会议以及网络等方面英语正日益广泛地被应用。这些情景包括非英语国家的人们使用英语作为交流的媒介(比如一个以色列软件工程师和一个巴西的竞争对手交流);或者一个母语是英语的人同非母语者进行交流(如一个美国推销商同日本的买家谈判)。

实际上,当一个中国人用英语和新加坡人交流时,英国或者美国文化在这个场景中是毫不相关的。如果这个中国人讲英语时表现出的是完全美国的行为方式,可想而知是多么尴尬。这种情况同样会出现在土耳其人和巴西人、法国人和芬兰人或者其他两国之间的英语对话互动中。以上海为例,作为一个国际城市,上海不仅吸引了英美国家的投资,还有欧洲多国,日本、韩国等亚洲国家的,毋庸置疑,英语是交流的最佳选择。这表明现在英语已经成为多元文化的语言,它既是多元形式的又是多元文化的,同时也是多元功能的。

4 全球通用语背景下的英语教学

英语地位和功能的变化已经引起了国内外很多教育专家学者的关注。美国的教育学者指出交流是双方的,作为英语主流文化的代表,母语为英语的美国人必须承担起交流的责任,而不是仅仅依靠母语非英语的讲话者的努力。因此培养母语是非英语的说话者的积极态度和交流技能是迫切所需的,尤其对年轻的一代美国人来讲。英语作为世界语,意味着英语教学不应该仅仅以诸如英美传统国家和文化为核心，而且同时要培养学生的跨文化意识。

欧洲各国自20世纪70年代就开始重视把现代外语教学作为学生整体发展的重要部分对待。作为社会个体的人在语言交际过程中要应用各种能力，即语言的应用不仅限于语言知识和语言技能，还要涉及对世界的认识、社会文化认识、跨文化意识等等。因此，欧洲突破狭隘语言技能或者功能性外语教学的禁锢，注意培养学生跨越语言和文化界限的交际能力，培养学生积极宽容、理解的态度，以满足欧洲多元文化与多元语言的需要。

德国的教育学者早在1987年就已经提出“通用语必须作为通用语来教授”(a lingua franca must be taught as lingua franca)(Werner Hullen, 1987:58)。二战后德国英语教学的核心是英国英语。从20世纪60年代开始转移为美国英语，之后增加了澳大利亚英语，现在他们的教材又增加了印度英语作为教学的一个焦点。

新加坡人对新加坡英语(Singlish)的态度也非常类似。虽然新加坡主流媒体呼吁人们使用标准英语，但新加坡的大学生在课堂讨论时似乎有意识地在使用新加坡英语。Lee-Wong Song Mei(2001)对60名新加坡大学毕业生的调查也表明，大多数人对新加坡英语持积极肯定态度。他们认为新加坡英语应该值得提倡，因为它可以带来作为新加坡人的独特认同感；其次，讲新加坡英语并不等于不了解标准英语。他们甚至还认为新加坡英语中一些不符合语法的东西恰恰表明了它的创造性。

日本学者Honna Nobuyuki于1990出版了一本题为《亚洲各类英语变体》的论文集，讨论并积极肯定了韩国、中国、新加坡等10个国家和中国台湾地区所使用的英语变体。在《日本英语》(*Japanese English*)一文里，Suenobu(1990:258)将其定义为“一种体现日本语言体系和日本生活方式的语言，一种反映日本文化的语言”。

学术界也开始对各类非母语英语变体进行了描写。据李少华统计，从1990年到1995年，*English Today*先后介绍了尼日利亚英语(Victor O Awunsi, 1990)、新加坡英语(A F Gupta, 1994)、荷兰英语(S Ridder, 1995)、意大利英语(V Pulgini, 1995)、欧盟英语(M Bens, 1995)、中国英语(姜亚军, 1995)等。

而我国在《国家大学英语教学改革总的指导思想》中明确指出，“外语不仅仅只是一门工具，外语学习还是传承中外优秀文化、增加人文和科学知识、提高学生综合素养的一个重要途径”。学生应通过学习外语了解世界，开阔眼界，同时向世界宣传中国。随着我们国家综合实力不断增强，国际地位日益提高，越来越多的国家与中国建立起经贸、科技和文化交流关系。中外交流是一个平等、双向的过程。大学英语教学的一项重要任务要让学生能够用英语来宣传介绍。为了适应这种新形式，作为英语教师，首先我们要改变过分强调标准英语的观念。我们不应该再把国际英语(international English)或者世界英语(world English)等于英国英语或美国英语，而应该充分认识到英语的多样性。同时，引导学生意识到因英语使用者在国家范围内相互交流的影响下，英语在词汇，语用和其他方面的变化。学生应成为跨文化的交际者，把英语作为媒介进行跨国界和跨文化交流。其次，英语教学有必要扩大语言的地域范围，并包括非主流文化。这其中包括下面两个重要的部分。

(1) 理解其他文化。英语作为世界语意味着英语教学不应该仅仅以诸如英美传统国家和文化为核心，更要同时培养学生的跨文化意识。大学英语教材的内容不仅包括英美主流国家的社会文化背景知识，同时必须考虑扩大语言的地域范围，诸如把澳大利亚、加拿大、印度这些国家的文化背景知识加入课堂中，真正地把英语作为世界通用语言教授。

(2) 解释我们自己的文化。中国英语是培养大学生跨文化交际能力的重要语言形式。中国英语是世界了解中国社会和文化的主要渠道，中国向世界传播中国文化的主要载体。我们应该把中国文化的教学引入到英语教学中，传播中国文化。目前，我们使用的英语教材中对于中国文化的介绍很少，所以不难理解为什么经常出现学生说起西方的节日头头是道，但用英文介绍中国传统文化时却支支吾吾的窘况了。因此，有必要在我们的大学英语教材中增加中国传统文化的介绍。

总之，随着英语标准的多元化和交际对象、交际目的的多元化，美国英语或英国英语将无法满足中国同世界交往的需求。中国人所要学习和掌握的英语应该是一种多元标准、多元文化和多元功能的国际通用语。

参考文献

[1] 姜亚军.近二十年 World Englishes 研究述评[J].外语教学与研究，1995(3).

[2] DAVID CRYSTAL. English as a global language [M]. Beijing: Foreign Language Teaching and Research Press, 2001.

[3] ROBERT PHILLIPSON. Linguistic imperialism [M]. Shanghai: Shanghai Foreign Language Education Press, 2000.

[4] RYUKO KUBOTA. Teaching world Englishes to native speakers of English in the USA [J]. World Englishes, 2001, 20(1).

[5] BRAJ B KACHRU. The alchemy of English: the spread functions and models of non-native Englishes[M]. Oxford: Pergamon, 1986.

论汉英文化互动对英语发展的促进作用

上海立信会计金融学院外国语学院　徐　荟

摘　要：文章试图通过中外文化大融合背景，对汉文化属性和西方文化属性以及两者的表意特征进行分析，发现当中英文化的融合已成为必然时，便会出现文化的互动性的若干表现形式，由此归纳出如何才能有效地借取汉语的关联性、模糊性和隐喻性特点的思维互动性方式来促进英语词汇的发展。

关键词：文化融合；文化属性；互动性；英语发展

1　引言

语言是表达观念、交流信息的符号系统，其社会功能博大宏达，几乎无所不及。世界民族之林的语言千差万别，彼此间所建立的交流关系，大多是通过其纷繁多彩的传统文化与生活方式、宗教信仰和思维取向而得以实现。文化对语言形式所产生的影响，在处于历史变革期，其传统的价值观便会受到新思潮猛烈冲击，语言形式的相应变化则随之产生。著名语言学家叶蜚声在《语言学纲要》中讲到："一门语言是探索一种文化的灯火，一门语言是正式了解那个国家那个民族的一个窗口。"（叶蜚声、徐通锵，1997:35）作为语言研究，需要深入观察语言形式的变化，才能获得客观的判断依据。

2　汉文化属性及汉语表意特征

中华民族所处的地理环境，气候条件十分适合农作物的生长，华夏祖先在长期的农业生产过程中，为了获得稳定的农作物产量，需要稳定的社会秩序来分工协作，在面临自然灾害威胁时，需要团结合作，这就形成了一种特定的观念，建构一种稳定、和谐的人际关系，人与人的和谐，人与自然的平衡的发展关系。“语言是思想的图像和反映”，美国著名结构主义语言学家布龙菲尔德把思想文化对语言表现形式的影响做了非常简捷的解释（布龙菲尔德，1991）。从仓颉造字的传说到中华文明成熟期先秦时代的汉字改造，以及儒家思想的创立者孔子提出的“中庸”处世之道，都对后世的语言思维发展产生了重大影响。简括汉字的语言表意习惯，有如下一些特征：

（1）关联性特点。汉语文字语义的关联性在众多汉字中很常见，其特点在世界语言之林独树一帜。例如，“愁”是一个形声兼会意字。如果从形声字的角度来看，“愁”字上边的“秋”字表示意义，说明愁是属于秋瑟一类，在造字时和“愁”的读音相似，表示这个字的读音。但是随着时间的推移，“秋”和“愁”的读音变得不一样了，逐渐失去了它的表音功能；如果从会意字的角度来看，秋在人的内心感知来讲，就是愁的同属关系（梁漱溟，2011）。

（2）模糊性特点。模糊性特点在汉语感官词中比较常见。所谓汉语感官词，就是指汉语中表示人体感觉器官的词和那些与人体感觉器官的感官行为和感官性状有关的词。如“瓜田李下”一词，一方面专指特定空间和活动状态，一方面指代行为人存在隐藏动机的目的性，而这一动机并未发生直接而明确的后果（张艳，2017）。

（3）隐喻义特点。直观性思维在儒家思想的引申下转化为一种含蓄而温良的表达，把隐喻的内容巧妙地深藏在叙述词的表面含义之下。如“天网恢恢”，用网的形象来说明追究者的“法力”，即“疏而不漏”才是其表达意图（王治敏，2009）。

3 西方文化属性及英语表意特征

西方民族受畜牧业生产和海洋文化的影响比较明显，而形成了许多特有的观念，西方文化的发展远比东方文化的发展要简单得多，他的内容变化是由神学到哲学，最后到科学。西方的神学与东方的神学不一样，东方的神学建立在深刻的经学上，而西方的神学没有很深刻的思想，就只是以敬仰美好的神来净化心灵，没有东方神学中那种很强的精神理念上的指导。西方文化最早起源于希腊。起初希腊各城邦所用字母不尽相同，在公元前4世纪时统一采用腓尼基字母，共24个。腓尼基是在公元前1900年至1500年之间，位于约旦河和地中海之间的部分组成的一个古代地区，主要是指今天的以色列、巴勒斯坦、叙利亚、黎巴嫩和约旦王国的一部分。迦南语就是那个地区的语言。腓尼基字母在公元前1000年出现，由原始迦南字母演化出来。现在的希伯来字母、阿拉伯字母、希腊字母、拉丁字母都可追溯到腓尼基字母。同样在公元前500年左右，西方文化的代表是希腊文明，其哲学思想和理性思辨的成熟标志着西方文明里程碑式的发展。英语不是大不列颠岛上土生土长的语言，它是在公元5世纪时，由盎格鲁(Angles)、撒克逊(Saxons)、裘特(Jutes)三个日耳曼部落带来的。而当地讲的凯尔特语被挤向威尔士、爱尔兰和苏格兰。盎格鲁人(Angles)、撒克逊人(Saxons)和裘特(Jutes)人原先居住在今天的丹麦和德国北部，盎格鲁人原来居住地方叫作 Engle，他们的语言是 Englisc，这就是今天 English 一词的来历(靳文翰等，1985)。英语有如下一些特征：

(1) 动词时态"流水线"的标记特征。英国人的先祖是逐渐建立了现在、过去和将来三种时间概念的，随着每一种时间概念的形成，他们便赋予了英语动词一种"流水线"特征，由此，形成了一般现在时、一般过去时、一般将来时的概念。渐渐地，他们在这三种时间范畴的基础上逐渐细化，于是衍生出了此时此刻的现在、过去某个点上或段内的过去、将来某个点上或段内的将来。于是，他们又赋予了发生在这三种细化的时间上的动作、行为、状态某种"流水线"特征等一系列时态特征。

(2) 名词基数的"单复数"标记特征。对物、人、事等单个或两个以上的区分，是英语语言组词的重要特征。

(3) 人称定位的"主宾格"变动特征。强调并明确了主客体的对应关系。

4 中外文化融合必然趋势下互动性的表现

文化融合是文化调整的方式之一，指两种比较接近的文化体系接触后，原来的文化体系随之消失或改变其形貌，从而产生出一种新的文化体系的过程。文化融合的过程，其表现形式首先是接触，两种文化由传播而发生接触，这是文化融合的前提；其次是撞击和筛选，每种文化都具有顽强地表现自己和排斥他种文化的特性，两种文化接触后必然发生撞击，在撞击过程中进行社会选择，即选优汰劣；再次是整合，以原来的两个文化体系中选取的文化元素，经过调适整合融为一体，形成一种新的文化体系，如现代美国文化就是多种文化融合的结果(顾明远，1998)。随着近年来中外贸易、旅游、移民、留学等交流活动的增多，中国人对西洋文化的吸纳和学习越来越重视。与此同时，伴随中国综合国力的增强，西洋人对中国传统文化的兴趣和学习也越来越常见。二者所呈现出的文化融合状态显然已经越来越频繁地发生。2016 年 12 月 2 日，阿里巴巴集团董事局主席马云在香港出席南华早报中国年会时谈到对"一带一路"、全球化和东西方文化融合的看法。他认为，"一带一路"更多是东西方文化的交融，只有文化的交流、思想的交流，才有可能带来经济的交流(马云，2016)。

4.1 世界观的交互作用

东方看世界为椭圆，椭圆有两个圆心，即使画成正圆(如太极图)，也搞成两个鱼眼，总把世界看成阴阳两极，天与人就是两极，故主张天人合一，人要敬畏自然、顺从自然、效法自然，与自然和谐共处。西方看世界为正圆，正圆只有一个圆心，那就是人，故主张"极端人类中心主义"，信奉"人是万物的尺度"，人定胜天，人要主宰自然、征服自然、掠夺自然，将自然为已任意所用。在时空上，东方以时间为主，空间为辅。《易经》用六十四卦来描述宇宙，为一个永不停止的时间演进过程，以此作为世界的本原，故特别重视天时、顺时、识时、应时，及时机、时运、时令、时辰等，主张"天下随时"。西方则反之，以空间为主，时间为辅，以具体空间中的物质存在，作为世界的本原，故特别重视空间里万物的并立杂陈，实体性的物质存在与地理区域。随着 21 世纪新经济时代的到来，东西方的世界观也相应发生借鉴性的变化，为了更有效地提升综合国力，彼此在世界观上也都相应地做些调整，把绝对转化为相对，把至上回旋为补缺，把对对方的排斥更正为对对方的尊重，这是全球化的融合发展规律使然(朱相远，2013)。

4.2 人生观的动态变化

东方重理想主义，重视精神智慧，己所不欲勿施于人，道德永恒，把人作为社会的人，重耻感，重义轻利，强调大一统、集体主义，向往天下大同，心理向内、内敛、安于现状，谨慎而保守性。西方重功利主义，重视物质力量，迷信武力，弱肉强食，利益永恒，把人作为自然的人，重罪感，重利轻义，强调分散、个人主义，重个性、爱独立、求自由、讲民主、图享受、难知足，心理外向、张扬，富于冒险、扩张及侵略性。但近年来，中国人的人生观发生了巨大变化，许多人张扬而自信；而西方人也开始对中国的思维方式感兴趣甚至学会用东方人的思维来与中国人打交道，这种观念交融的文化现象被称为“拟人效应”（朱相远，2017）。

4.3 认识论的相互渗透

东方重经验主义，强调实践，重视感性认识与偶然性，善以体验与妙悟方式认识问题。西方重理性主义，强调理论思维，重视理性认识与必然性，善以抽象的逻辑思维方式来认识问题。近年来，中国社会知识界的学术精神和科学精神的日益强调，缩小了中西方认识论上的殊异表现。对语言的综合研究表明：汉字作为一个复杂的文字符号系统，其信息熵很高。研究的基本方法是：逐渐扩大汉字容量，随着汉字容量增大，信息熵的增加趋缓；汉字增加到12 370个以后，不再使信息熵有明显的增加。我国科学家指出：汉字的容量极限是12 366个汉字，汉字静态平均信息熵的值（平均信息量）是 9.65 比特。通过数理语言学中著名的齐普夫定律（ZIPF'SLAW）核算，中文是当今世界上信息量最大的文字符号系统。联合国五种工作语言文字的信息熵的比较如下：

法文：3.98 比特

西班牙文：4.01 比特

英文：4.03 比特

俄文：4.35 比特

中文：9.65 比特

可以看出，拼音文字的信息熵小，差别不大。汉字的信息量最大（范明生，2006）。

4.4 方法论的彼此转接

东方以统一为主，强调矛盾双方相互依存、亦此亦彼、相辅相成，主张和谐共处，合作共赢。西方以斗争为主，强调矛盾双方相互排斥，非此即彼，相反相成，主张零和博弈。关于思考事物，东方以宏观整体论为主，从总体上把握事物，强调综合、归纳，重定性，着重多因子，具有深刻的洞察力；西方则以还原论为主，从微观细节上把握事物，强调分析、演绎，重定量，着重单因子，善于形成逻辑严密的体系。关于处理事物，东方主张模糊、包容，重不确定性、不彻底性，强调相对性、复杂性、多元性；西方则主张清晰、纯粹，重可确定性、彻底性，强调绝对性、极端性、一元性。关于发展，东方重连续性，重传统，强调不可预见性，主张渐进、量变、非线性，较惰性、保守；西方则重断裂性，重未来，强调可预见性，主张突进、质变、线性，富创新、进取。近年来，东西方领导人都在方法论上寻找更为有效的解决各自面临的社会问题和生态危机的方法(朱相远，2017)。

4.5 审美观的相互影响

审美是人生最高境界。东方重情感，以写意、虚灵为美，故着重于创造意象，一片神游的意境，把万象溶入在虚灵妙境中；西方重理性，以写实为美，故着重形象逼真、色彩浓丽、几何透视、光影晕染，讲究规律、匀称、平衡、比例、凝重、阳刚、绚丽的形式美(朱相远，2017)。

语言作为中西方文化交流的主要媒介，显然从中扮演了至关重要的角色，所发生的互动性也随之遍地开花。

5 有效利用思维的互动性以丰富英语词汇

思维的互动性可结合文化的传承与融合，丰富语言传播的内涵，改良语言教学的效能。其互动性体现在两种文化形态的活动中，这是其存在的意义。

5.1 借鉴汉语的关联性特点来丰富英语的词汇

英语能够始终不断地吸收对其有用的各种外来语，因而大大丰富了它的词汇。古英语只有五六万个单纯词，作为一种历史现象，英语中出现汉语借词已经有 1 000 多年历史，特别是 20 世纪以来进入英语的汉语词汇越来越多。据统计，牛津字典中以汉语为来源的英语词汇有 1 189 个，居英语中借词第 11 位，按我国学者的统计，英语中的汉语借词有 1 548 个。实际上，日常生活中、新闻报刊上出现的未被收入辞典的汉语借词远远超过这个数。许多汉语借词已经在英语词汇中确立了牢固的地位，成为其重要的组成部分。譬如，2003年，杨利伟成为进入太空的第一位中国宇航员，英文网站上对于中国航天员的称谓是 taikonaut，新词前半部分"taiko-"来源于中文"太空"的拼音，后半部"- naut"与西方文字中航天员一词 astronaut 的后缀相同，意思为航行家，taikonaut 就成了"太空航行家"。该词也改写了数百年来汉语大多只有生活、武术、宗教、饮食等词汇进入英语的历史。这说明东西方的文化交流已经是立体的、多方位的（汪榕培、常俊跃，2001）。

5.2 借鉴汉语的模糊性特点来丰富英语的词汇

汉语的模糊性特点形成中国特有的英语语法惯性，在语音、词汇和语法三者中，语法往往是最稳定、最不容易发生变化的，而中国英语无疑已经对英语语法造成了一定的影响。如定语前置本是汉语的典型特点，而现代英语中发生了人为变化，改变了其固定语法结构，许多单次通过连字符链接成为复合形容词，作前置定语，如：just-for-once-discounted price。这就是西方人接纳了汉民族的中庸思维而创造的新词汇（晁中辰，2010）。

5.3 借鉴汉语的隐喻性特点来丰富英语的词汇

汉语组成是由各自孤立文字合成的，没有严格意义的外形变化，也没有显性的时态分别，在众多遣词造句语汇中，其隐喻性是十分常见的。汉民族的这种思维方式和汉语的这种属性对汉语造句联章产生了显著的影响。汉语以动词为中心，以时间逻辑事理为顺序横向铺叙，形成一个特定的以时间为线性指代的造型句法。即汉语造句不注意空间构架的完整，而是仅仅为流动的韵律节奏，以意统形，由此，汉语基本上是一个形散意合的表意系统。进入 20 世纪，英语语言学家也有意识地借此隐喻性特点把现代英语从结构性完整的语句向分解性分立的语言构式做微调，这也可看作是向汉语"取经"。

6 结语

人类的语言千差万别，固有的语言特征显然也是各行其道，从时间上观察，语言本身通过自身的发展需要做向前“进化”是必然的，而在空间上进行比较，也会发现不同语言间的彼此借鉴，以取得更为包容的语言形态来满足社会发展的需要，显然也是符合人性交往的诉求需要，且由来已久。随着当今全球化的文化融合不断向前推进，语言的固有特征已经不断地在主动或被动间被融入新的文化元素中。英语作为地球包容性最强的语种之一，其发展的历程总是伴随着“与时俱进”的特点。在以汉文化为代表的东方文明与西方文明的互动过程中，除了带去可见的精神产品，同时还携来思维方式的变化，这对英语语言继续向前发展无疑具有积极的推进意义。

参考文献

[1] 布龙菲尔德.语言论[M].李元生，译.上海：上海外语教育出版社，1991.

[2] 范明生.东西方文化比较研究[M].上海：上海教育出版社，2006.

[3] 顾明远.教育大辞典[Z].上海：上海教育出版社，1998.

[4] 靳文翰，等.世界历史词典[M].上海：上海辞书出版社，1985.

[5] 梁漱溟.中国文化要义[M].上海：上海人民出版社，2011.

[6] 马云.谈东西方文化融合：用欣赏和尊重来看待“不同”[DB/OL].http://www.xinhuanet.com/world/2018-09/13/c_1123426487.htm，2016-12-02.

[7] 汪榕培，常俊跃.英语词汇中汉语借词的来源[J].四川外国语学院学报，2001(4).

[8] 王治敏.汉语名词隐喻的语义映射分析[J].语言教学与研究，2009(3).

[9] 晁中辰.中外文化的冲突与融合[M].山东：山东大学出版社，2010.

[10] 张艳.汉语感官词研究综述[J].广西民族师范学院学报，2017(5).

[11] 朱相远.论东西方文化的融合再创新——21世纪人类的主旋律[J].经济世界，2013(5).

[12] 朱相远.新浪博客：论东西方文化的融合与创新[DB/OL].http://blog.sina.com.cn/s/blog_1309645640102w00s.html，2017-05-12.

外宣翻译中改写策略探析*

上海立信会计金融学院外国语学院　仇贤根

摘　要：基于各种翻译学术流派对翻译本质的阐释，结合外宣翻译特点及中英语言和文化的差异，文章认为改写策略是我国对外宣传工作中十分重要且被实践证明非常有效的翻译策略。文章列举了外宣翻译人员可以采用的几种常见的改写方法。文章呼吁，新时代背景下为达到有效对外宣传的目的，改写是外宣译员必须掌握和经常采用的重要翻译策略。

关键词：外宣翻译；改写；策略

1　引言

新时期，党中央对深化文化体制改革和推动社会主义文化大发展大繁荣作出全面部署，确定建设社会主义文化强国战略目标，提出推进文化改革发展，形成与我国国际地位相对称的文化软实力，提高中华文化国际影响力，实现“中国梦”的伟大构想。2017 年 10 月，习近平总书记在中国共产党第十九次全国人民代表大会上提出建设新时代中国特色新型大国外交关系理念；2018 年 8 月，习近平总书记在全国宣传思想工作会议上指出，要完善国际传播工作格局，创新宣传理念、创新运行机制，汇聚更多资源力量。这对新时代背景下外宣工作提出了新的命题和新的要求。

---

* 本文为上海市社科规划课题“新时代中国特色大国外交背景下从外宣翻译到公共外交翻译探究”（项目编号：2018BYY021）和上海立信会计金融学院外国语学院课题“新时代中国特色大国外交话语构建与外宣翻译策略研究”（2018 年度）的研究成果。

目前，我国的文化“走出去”较为薄弱，中华文化国际影响力需要进一步增强。外宣翻译作为一个重要的战略资源，决定一国在国际社会中实现其国家利益的政策行为绩效。在外宣翻译实践中，由于中文原文作者和外宣受众各自不同的特定文化环境和社会身份，原作者与受众就同一语篇形式的认知环境很多情况下是不一样的。所以，要想在原文与译文的语篇功能和受众效应上取得一致并非易事。在这种情况下，译者有必要从译入语受众出发，注意内外有别，考虑译文的语篇功能和翻译目的，大胆对原文进行增、删、补等形式的“改写”行为。

2 翻译中改写策略运用的理论阐释

文化学派翻译理论家安德烈·勒菲弗尔(André Lefevere)提出，翻译是改写的一种形式，他认为改写是为了给不同的读者看，而对文学作品进行编译(Lefevere, 2004:2)。这里所谓的“文学作品”就是“源语言文本”，因为编译不仅适用于文学作品，也适用于应用文。而改写作为编译的一种技巧旨在弥补因删减部分原文而留下的信息空缺，以便让目标语文本更通顺。翻译不是将一文等同地转化为另一文的过程，而是一个复杂的改写原文的过程，它不但要求与整体语言相一致，也要求与两种文化之间的影响力与平衡力相一致。翻译是两种语言在写作技巧及知识领域上的再表现艺术。翻译者对文本用另一种形式进行改写，其实反映了创作中的所有困难，这是因为用另一种语言进行“再创作”时，翻译者必须具有优秀作家所拥有的所有素质。

严复的“信、达、雅”翻译标准向来推崇原文的重要性，要把原文放在首位，翻译时所有的信息和原文特点要在译文中不加改变地予以保留。然而，功能派向我们提供了一个全新的观点：我们要重视一篇文本的功能、受众、交际环境和交际媒体，所有这些在外宣翻译质量中都起着重要作用。和布拉格学派一样，功能派也认为翻译要考虑语言的所有功能。功能主义是由凯萨林娜·赖斯(Katharina Reiss)开创的，之后又经众多著名的功能派学者如汉斯·弗米尔(Hans Vermeer)、贾斯塔·赫滋·曼塔利(Justa Holz Manttari)和诺伊贝特(Neubert)等发扬光大。赖斯提出一种语言有三个功能：说明、表现、呼唤，这和纽马克的文本分类大致相等。一篇文本很少才只有一种功能，但当它有超过一种功能时，其中必有一种占主导地位。功能主义的核心是目的(skopos)法则。skopos这个希腊词意为“功能”“目的”或“意图”。根据功能法则，“整个翻译过程，包括翻译方法和翻译策略的选择，都是由翻译行为所要达到的目的决定的”(李文革，2004:139)。这就告诉我们不管是直译还是意译都要取决于原文的目的。这个目的也决定了在一篇特定的文本中什么该保留，什么该改写，什么该重写。功能主义对翻译学的一大贡献就是它为一些有悖于现行翻译标准但在实践中却十分成功的翻译行为提供了理论基础。

虽然长期以来翻译一直被认为必须忠于原文而不该改动，但许多中文外宣材料通过增补、删减、改写后都非常成功。尽管看起来“不忠”，他们却达到了外宣的预期目标。“一般对外传播、报道、介绍的文字稿件，翻译在确保中文原稿的主题和中心内容得到充分表现的情况下，应从外文效果着眼进行必要的外文阶段加工，直到局部或大部改写，对于外贸、旅游、文化艺术等方面的推广、供销材料，则更需要这样做。”(沈苏儒，1991:10)

3 改写的含义

狭义上，改写是指通过具体化、省略等手段来重组句子；从广义角度来说，改写还指重组一个段落甚至整篇文本，包括加大背景和采用不同的写作顺序。在这个信息爆炸的时代，外国受众未必会把一长篇文章从头到尾一字不漏地读下来，毕竟他们的时间有限。他们可能看一下标题，浏览一下头几节来获取最重要的信息。这就要求译者对原文作出一定的改写来取其精华。

笔者并不反对不加改动的全篇翻译，因为这都取决于翻译材料和具体情况。对于一篇散文，我们尽可能有足够的时间来把它全译。但对于一个在电台或报社工作的翻译来说，由于时间限制，他不可能一字一字地翻译新闻。如果每条新闻都全译的话，那么一档30分钟的新闻节目除去广告和气象预报恐怕没有几条新闻能播了。像CCTV International里面的每条英语新闻一般只有50秒到1分15秒，偶尔一些综述才会长达2分钟。在这样的情况下，译者为了节省篇幅就可能在三段同期声的情况下只用其中一段，时间紧迫时，他甚至只用一段同期声中的一部分。

然而这里又涉及忠实的问题，改写是否有悖于原文？我们如何能对原文改动如此之大？事实上，所谓的“不忠实”却是在更高程度上的忠实。王宪生(1997:34)指出：“忠实于原文并不等于逐字逐句地直译。译文的忠实性并不排除为使原作的形式、气氛和深层意义得以用另一种语言再现而进行适当的调整。”阿尔布雷希特·诺伊贝特(Albrecht Neubert)也认为，按照译语文化的准则来调整或“改写”原文，是每个专业翻译者日常工作的一部分。我们尽管可以在方法论上把“翻译”(狭义上的)和“改译”区分开来，但我怀疑这对我们有什么用处。我们宁愿把改译的特性纳入翻译的概念之中，好让人们(也就是翻译的使用者和发起人)了解翻译究竟是怎么回事(Nord, 1991:25)。

4 外宣翻译中改写方法举隅

随着中国综合国力的不断发展，我国的外宣翻译工作者肩负着重要的历史使命，即积极主动地向世界全面真实地介绍中国、向世界准确地表达中国的观点、增强中国在国际上的话语权以塑造中国的国家形象、提高中国在国际上的软实力。同时，外宣翻译虽具有其他类型翻译的一些共性特征，却又具有其明显的独特之处，即外宣翻译并非等同于简单的逐字逐句翻译，译者需时刻具有政治敏感性，而且外宣翻译是“以受众为中心”的。正是这些特点，给外宣翻译带来巨大的挑战，外宣以其鲜明的目的性要求译者遵循不同于其他翻译的原则而不能仅以一般翻译标准逐字逐句(直译)地进行翻译。改写是外宣翻译中最重要的有效策略之一。

改写与创作不同，因为改写是基于现有文本的，即来源语文本。翻译被视为对来源语文本用目标语言改写。新闻翻译中的编译即是将改写运用于改编性翻译的过程中。外宣翻译中由于东西方语言文化的巨大差异，译者常常要“背叛”原文，或者说得准确一点就是改写原文，因为他不仅要使自己的译文以读者为中心还要考虑到外宣的目的和宣传效果。根据现代传播理论，受众的兴趣应被放在首位。传播活动的开展应符合他们的兴趣，这也就解释了外宣翻译为什么必须以受众为中心。因此，为了取得预期传播效果而对原文作出一定改动使之符合受众语言文化习惯的做法是可行的。

事实上，许多翻译家都对原作做出过或多或少的改动。黄忠廉(2000:3)指出：“甚至是最著名的翻译家也不例外，且十分成功。”从广义上看，它还可以包括文学作品的翻译。例如，阿瑟·韦理（Arthur Waley）翻译《西游记》时不仅将书名译为 *Monkey*，而且也对原文作出过不少改动。

从狭义上看，这里所说的原作是指外宣翻译中的中文原文。外宣翻译中的改写方法通常有以下几种。

4.1 具体化

英语和汉语差异巨大，其中之一是汉语用词多抽象，而英语用词表达多具体。譬如，在汉语中我们常常使用抽象的"单位"一词在大多数汉英词典中经常被译成 work unit。因此一大批"文明单位"的标志都被千篇一律地译成 model unit。实际上，我们完全可以用具体的词来使"文明单位"的含义更清晰，如 hospital、high school、store、company、institute 等。如果一家"文明单位"指的是一家公司或研究所，那就可以译成 model company 或 model institute。

中国人还喜欢使用另一个抽象的词"同志"。"同志"一词从革命时代传下来至今已没有多少具体意义，但还常常用在一个人名后面。"Comrade ×××"这个表达不仅传递不了多少信息而且听起来好像我们还在革命年代似的。因此，最好把一个人的职位附到名字前面或后面并把"同志"一词省略以将其内容具体化。请看下例：

(1) Chinese President Xi Jinping speaks at a congress of the Chinese Academy of Sciences and the Chinese Academy of Engineering in Beijing.

(2) Chinese Premier Li Keqiang scatters rose petals at the Mahatma Gandhi Memorial.

(3) Mr. Li Keqiang came to our university.

(4) Chinese Vice Premier Wang Qishan co-chaired the 19th session of the US-China Joint Commission on Commerce and Trade (JCCT).

从以上例子中不难看出，外宣时为取得应有的效果，翻译均对"同志"一词进行了具体化处理，使得外国受众获取具体的信息。

4.2 省略

中文注重修辞效果。译者有必要对中文修辞中的溢美之词和多余信息多加警惕。这里所说的溢美之词和多余信息是指各种名目繁多的修饰词，它们目的是制造对仗工整、渲染效果的语言。这时译者就该大胆省略这些不必要的信息只保留其核心内容。奈达认为，翻译即译意(张浩经，1996:7)。举例来说，中文的旅游手册一开头往往是介绍一个城市的地理位置，如位于哪里、纬度多少、经度多少、人口多少等。一个城市的位置可像前面说的那样通过两幅地图来表明，而人口对外国游客的游程来说并无多大关系，翻译成英文时省略这些信息其实并不影响原文。

原文：

9 月 10～12 日，由海南省人民政府、全球信息基础设施委员会和博鳌亚洲论坛共同举办的"第 5 届电子商务国际论坛(中国·海南)"在索菲特大酒店举行，信息产业部副部长×××、部长助理×××、商业部科技处处长×××、中国机电成品商会会长×××、中国社会科学院高级顾问×××、国际发展研究中心副主任×××以及海南省领导、科研人员出席了本次论坛。

译文：

Co-sponsored by Hainan Provincial Government, the Global Information Infrastructure Commission and Bo'ao Aisa Forum, the Fifth China International E-commerce Forum(Hainan, China) was held at Sofitel Hotel from September 10 to 12. Present at the forum were officials and researchers from China's central government and Hainan provincial government.

分析：可以清楚地看出，译文并没有逐字翻译，却是外国受众乐于读到的行文方式，符合他们的阅读习惯和心理。

著名翻译理论家奈达(Nida)曾说："Even though close, literal renderings are often seriously misleading."("即使严格对照，直译也经常会产生严重的误导。")(Nida, 2001:3)众所周知，汉语里多前置修饰语，这些修饰语的存在有多重原因，如古汉语的遗留影响，汉语独特的格式化行文习惯，修辞方面的需要，等等。但是，在外宣英译时，很多这些前置修饰语因其意义重复或夸大等原因均可省略不译。例如：

(1) 圆满结束：complete with (emtire) success

(2) 不幸遇难：be (unfortunately) killed

(3) 顺利召开：(successfully) convene

(4) 发表重要讲话：make an (important) speech

分析：上例中译文括号里的词语均可省去。

少发议论，让事实说话，我们常说，"事实胜于雄辩"，英语里有"facts speak louder than words"这一与中文有异曲同工之妙的说法，说明不同民族尽管有诸多不同，但也有不少共同点。例如：历史书或者讲历史的文章应多谈史实、少说空话、少发议论，才能吸引读者。我国的官员在讲话的时候，往往加上一句评语，就是在陈述一个事实之后，往往喜欢加上一句点评来说明这个事实的意义在哪里，这样往往是很乏味的陈词滥调。另外，很多中文外宣材料中是先提出结论再提供事实，而英语国家人士则喜欢先提供事实再下结论，甚至没有结论而是留给读者自己下结论，这在英语外宣材料中是司空见惯的事。这种写作顺序在英语报纸杂志中被大量采用。一般来说，英语国家人士讨厌宣传。他们不喜欢被灌输东西，而希望在得到必要的事实后自己下结论。所以，外宣译员在翻译时应有所取舍。

4.3 加大背景信息介绍

加大背景信息介绍和背景解释是有所不同的。前者是对整篇文章或整个段落加上一个大的背景，而后者则属于外宣翻译中的解释性翻译。虽然解释性翻译也是一种有效的翻译方法，是解释原语文化内涵的重要途径（仇贤根 2013:151），但是它只是对一个名词、短语或一个表达，特别是有中国特色表达的解释，是微观层面，有时效果有限。

大背景可以是一小段也可以是几句话，它的目的就是给读者一个整体的概念。这种大背景通常为中国人熟悉却不为外国人熟悉，它可以放在一篇文章或某一段的开头或结尾。有了这样的大背景，外国人就可以更好地看懂一篇文章，就像背景解释可以让外国人更容易看懂一个名词、短语或有中国特色的表达法。例如：

原文：

大理自古以来就是中国同东南亚、南亚各国文化交流和商贸往来的重要门户。西南丝绸之路和茶马古道在这里交汇，四川的蜀锦、云南的普洱茶等途经大理运往印度、阿富汗等国。

译文：

Dali was the capital of the Tang Dynasty (618 - 907) *Nanzhao*

Kingdom and Song Dynasty (960－1279) *Dali Kingdom*. It has been the gateway to cultural, commercial and trade exchanges for millennia. It was from Dali, where the Southwestern Silk Road and the Ancient Tea-Horse Trail join, that Shu brocade from Sichuan Province and Pu'er Tea from Yun'nan Province were exported to India and Afghanistan.

分析：英译斜体部分是汉语所没有的，然而有了这些大背景外国人就可以对大理有一个大致的了解，这将有助于他们继续阅读下去。显然，这样处理是对外报道中“内外有别”使然。

4.4 逻辑思维不同，改写式翻译难免

中文外宣资料除了抽象笼统、华而不实的语言表达和大背景外，还有值得我们注意的是由于逻辑思维不同，中文外宣材料和英文外宣材料的写作顺序也不同。

比如，英语国家人士习惯于直线思维而中国人则习惯于曲线思维。日常生活中英语国家人士在表达想法时要比中国人直接得多。他们通常在一篇文章中开门见山地把要点提出来再论述次要部分。而中国人则正好相反。为取得更好的宣传效果，我们就要遵循受众的逻辑思维。鉴于这种话语结构，我们在翻译中文招生简章时何不摆脱原文束缚按英语招生简章的顺序来调整我们译文的顺序？只有这样才能使我们的译文更易被外国读者所接受。

诚然，外宣翻译的质量先是由它的内容所决定，但这些内容能否为受众所接受也非常重要。因此，译者一定要熟悉受众的逻辑思维方式，把译文处理好以便受众可以更容易地接受。

5 结语

外宣翻译的目的是帮助外国人了解中国，一定程度上的“背叛”或“改写”是可行的。相反，如若墨守成规，只知道一味地“忠实”而不考虑文本的交际目的和译入语的语言文化习惯，那就难以达到预期的宣传目标。这是因为对外宣传对象是外国人，他们对中国的了解程度、所处的政治环境、民族特点、生活方式、风俗习惯等都和国内受众不同。外宣翻译中的改写，就是根据这些不同

特点对原稿的内容进行适当技术性处理，这样才能达到应有的外宣效果，真正做好传播中国声音，讲好中国故事。

参考文献

[1] 黄忠廉.翻译变体研究[M].北京：中国对外翻译出版公司，2000.

[2] 李文革.西方翻译理论流派研究[M].北京：中国社会科学出版社，2004.

[3] 仇贤根.论解释性翻译及其在外宣翻译中的运用[J].名作欣赏，2013(7).

[4] 沈苏儒.关于中译英对外译品的质量问题[J].中国翻译，1991(1).

[5] 王宪生.翻译要对译文读者负责[J].上海科技翻译，1997(4).

[6] 张浩经.译论[M].湖南：湖南教育出版社，1996.

[7] LEFEVERE, ANDRE. Translation, rewriting and the manipulation of literary fame [M]. Shanghai: Shanghai Foreign Language Education Press, 2004 .

[8] NIDA, EUGENE. Language and culture: contexts in translation [M]. Shanghai: Shanghai Foreign Language Education Press, 2001.

[9] NORD, CHRISTIANE. Text analysis in translation [M]. Amsterdam: Rodopi Bv Editions, 1991.

语义成分分析法在翻译中的实际应用

——以《西江月·夜行黄沙道中》四种英译本为例

上海立信会计金融学院外国语学院　李潇骁

摘　要：本文从 Peter Newmark《翻译教程》第十一章的内容出发，旨在运用语言学中语义成分分析的方法，对比辛弃疾《西江月·夜行黄沙道中》英译的 4 种译本，从而进一步探讨将语义成分分析法运用于翻译实践中的利与弊。本文重点讨论了“鸣”“说”“旧时”三个词语的翻译，根据字典释义进行语义成分分析，并在此基础上进行总结归纳。

关键词：语义成分分析法；翻译实践；对比

1　引言

Peter Newmark 在《翻译教程》(*A Textbook of Translation*)(Newmark, 1988)第十一章介绍了语义成分分析法(componential analysis, CA)在翻译中的运用。本文即从该章内容出发，旨在运用语言学中语义成分分析的方法，对比辛弃疾《西江月·夜行黄沙道中》英译的四种译本，从而进一步探讨将语义成分分析法运用于翻译实践中的利与弊。本文所选取的四种译本分别为：许渊冲译文，任治稷、余正译文，贺淯滨译文一和译文二(以下简称为许译、任译、贺译一和贺译二，具体译文见附录)。

本文的研究目的主要有二：一是比较四种译本是否准确传达原文之意。由于中国古典诗词中许多词语的内涵非常丰富，在翻译过程中尽可能将其准确传达、让西方读者读懂其中内涵显得尤为重要。二是探索将语言学理论语义成分分析法运用于翻译实践是否真的行之有效。通过本文的研究，可以得出两方面的初步结果：一是得出四种译本在准确传达原文之意方面优劣的结果；二是检验出语义成分分析法在哪些方面行之有效，在哪些方面可能会有不足。本文以及研究结果不仅能够为语义成分分析法运用于翻译提供具体的例子，而且能够引发对跨学科研究和跨学科理论应用于翻译实践的思考。

本文主要分为三个部分：第一部分为文献综述，旨在回顾学者已经做过的研究，发现其中的不足或是有待进一步完善的部分，为本文研究提供理论基础。第二部分为研究主体，即将利用语义成分分析的方法，对比《西江月・夜行黄沙道中》的四种英译本，比较四种译本在准确传达原文之意方面孰优孰劣。第三部分为总结，旨在小结第二部分的研究，反思语义成分分析法在翻译中的运用。

2 文献综述

Newmark 在《翻译教程》一书中提到了将语义成分分析法运用于翻译实践中。Newmark 指出，翻译中的语义成分分析并不完全等同于语言学中的这一概念："In translation, the basic process is to compare a SL word with a TL word which has a similar meaning, but is not an obvious one-to-one equivalent, by demonstrating first their common and then their differing sense components."(Newmark, 1988:114)Newmark 的理论可以作为本文的指导理论，后续研究都是在 Newmark 的理论基础上展开的。此外，Newmark 还提出了语义成分分析法的几大用处，亦可以作为参考，在此就不一一罗列了。

语义成分分析法是语言学中的一个概念。熊学亮在《语言学导论》中指出，内涵就是词语表达的概念，概念反映客观事物的一般的、本质的特征，人在认识事物的过程中，会把所感觉到的事物的共同特点抽象出来，并加以概括而形成概念。在进行词义分解的时候，也可以采用把词语用"义素"(sememe)即"语义特征"(semantic feature)来定义的方式(熊学亮，2010:93)。将词义分解成一个个基本的义素再加以分析，就是语义成分分析法。

已经有一些学者尝试着用语义成分分析法来解决翻译中出现的准确性的问题，在《语义成分分析法理论和词语的翻译》中，夏婕和邓小玲尝试将语义成分分析法运用于翻译实践中，即按源语词语概念义场和目标语词语概念义场的关系分为四类进行讨论，发现运用语义成分分析法，译者可以方便、快捷、准确地分析和比较双语词的概念语义成分和关联意义，以找到最合适的对应词（夏婕、邓小玲，2003）。张莉（2008）的《成分分析法及其在翻译中的应用》以及陈伟莲的《语义成分分析（CA）在翻译中的作用》中也做了类似的分析。这些研究和尝试都是很好的实例，可以作为本文研究中指导实践的范例，但是遗憾之处在于理论基础不够扎实。针对于此，本文将结合 Newmark 的理论展开实例分析，试图在这方面作出一点改进。

吴春英（2007）在《语义成分分析与中诗英译中词语意义的准确把握》一文中指出，在翻译中国古诗中，不仅要准确把握词语的深层含义，还要对那些反映特定历史背景，在特定的时代才采用的，或有特定历史典故的词语特别注意。因此，作为一名译者，除了要了解中国文化、准确把握原文的意思之外，也需要将其准确传达。吴春英选取了古诗中的例子，从虚实、活用、惯用法等方面进行了阐述。吴春英的研究可以作为将语义成分分析法运用于中诗英译的例子。

然而，这些研究用语义成分分析法对中国文化特色词、文化负载词，以及诗歌的措辞做了一些分析，可以为本文的研究提供帮助。但是部分研究仅停留在分析的阶段，没有对语义成分分析进行反思，是为一大遗憾。本文则试图在分析过后，对语义成分分析法进行探讨，分析其利弊及是否行之有效。

事实上，也有一些学者已经探讨过语义成分分析的困境，如张良林（2009）的《语义成分分析法的困境》、李莹莹（2009）的《语义成分分析及其局限性》等。这些研究指出，语义成分分析法具有两个特征，即把世界看成非此即彼。由于二元分析法是以孤立的方法研究静态的语言结构，所以它在成分分析法中不可避免地割弃由动态语境所引发的引申意义，致使意义研究不充分，因而语义成分分析法只能解释语言中的一部分词，而在分析那些没有完全对立的词时却具有局限性，无法应对分析对象的多元性。但是这类研究多数是直接从语言学的角度出发。与之不同的是，本文则是从翻译实践出发进行探讨，希望能够提供一个新的看问题的视角。从翻译实践的视角出发看这个问题，更具有应用的价值。

综上所述，不难发现，语义成分分析法作为语言学中的一种分析法，已经在翻译实践和批评中得到了一部分应用。但是相关研究或是仅仅停留在分析表层，未能深入分析，抑或是仅仅从语言学的角度进行分析，与翻译联系不大。本文将从《西江月·夜行黄沙道中》的四种英译本比较出发，结合翻译实例，探讨语义成分分析法的利弊。

3 译本对比分析

为了能更清楚地将四篇译文进行对比，笔者将词作中的词语截取出来，制作了表1。

表1 一些词语在四种译本中的不同译法

原文	许译	任译	贺译一	贺译二
明月	in moonlight	bright moon	the bright moon	the bright moon
惊	startled	startled	startled	frightened
清风	in the breeze	night breeze	fresh breezes caressing	when the fresh winds fly
鸣蝉	cicadas shrill	the droning cicadas	cicadas chirp	cicadas chirp
稻花香里	the ricefields' sweet smell	in the midst of rice-blossom scent	the scent of rice-blossom	in the aroma of rice-blossom
说	promises	unfolds	chat of	chat about
丰年	a harvest great	the bumper year	fine harvest	harvest
听取	listen to	heard	heard	sounds
蛙声一片	frogs' croak	frogs everywhere	frog-croak unceasing	a riot of frog's cry
七八个星	seven or eight stars twinkle	seven or eight stars	seven or eight stars	seven or eight stars
天外	beyond the clouds	beyond the horizon	out beyond the sky	beyond the sky

（续表）

原文	许译	任译	贺译一	贺译二
两三点雨	two or three raindrops sprinkle	two or three drops of rain	two or three drops of rain	two or three drops of rain
山前	before the hills	in front of the mountainside	fall this side of the hill	fall onto the hill
旧时		old	ancient	olden
茅店	an inn	thatched store	thatched inn	store
社林边	beside the Village Temple	at the edge of the village woods	near Earth Deity Woods	near the woods of Earth Deity
路转	the winding path leads to	as the path turns	road winds	roads wind
溪桥	beside the brook	the bridge on the brook	brook-bridge	a bridge
忽见	Look	springs to view	suddenly meet the eye	appears close by

表 1 中列举出了一些词语在四种译本中的不同译法，我们依次来看。

首先是第二句中“鸣蝉”的翻译。《新华字典》中对于“蝉”一词的定义是：“昆虫，种类很多，雄的腹面有发声器，叫的声音很大。”英文对应词语为 cicadas，没有问题。而此处“鸣”字，四篇译文中出现了 shrill、drone、chirp 三种译法。总的来说，三个词语均有“发出声音”之意，但是在所指发出声音的音频高低和时间长短上却各有不同。此时即可采用语义成分分析法，对三个词语加以区分，以选择最符合原文意思的词。在表 2 至表 4 中，以“+”表示有此属性，“—”表示无此属性，“/”表示此属性不确定。

从表 2 中可以看出，shrill 是指发出高频的声音，drone 是指发出持续、低沉的声音，chirp 是指发出高而短促的声音。结合中文的定义，不难发现，“鸣蝉”的声音较高，因此 chirp 和 shrill 均与原文之意较为契合，而 drone 用在此处则略显不妥。通过这个例子可以发现，利用语义成分分析法，通过区分音频高低和时间长短这两个属性，就能够筛选出比较切合原文意思的词语，从而准确地传达出原文的意思。从这个方面来说，语义成分分析法对翻译非常有帮助。

表 2 "鸣"的翻译

	shrill	drone	chirp
《朗文当代英语词典》定义	to produce a very high and unpleasant sound	to make a continuous low dull sound	if a bird or insect chirps, it makes short high sounds
produce a sound	+	+	+
high-pitched	+	—	+
continuous	/	+	—

其次来看"稻花香里说丰年"的"说"字。此处对于"说"字的理解特别需要注意。"说"的主语应该是下文的"蛙声",即作者听到一阵阵青蛙的叫声,好像在诉说着丰收年。所以此处"说"字主要是指"诉说""告诉"这方面的含义,也可以理解为"预示"这一含义。

根据表 3 的内容,此处"说"的含义较为丰富,若理解为"告诉",则 unfold 和 chat 都有此意;若理解为"预示",这 promise 符合意思,总之很难用语义成分分析法直接加以区分。

再次是"旧时"。"旧时"指的就是过去的时候,从前。四篇译文中共出现了 old、ancient、olden 三种译法。同样地,可以用表 4 进行分析。从表 4 中的定义里可以看出,三个词都包含了"旧时"所指过去和长时间两层含义,能准确传达出"很久以前"这个意思。但是,olden 是文学和书面语的用法,old 则是非正式用法,比较口语化,这样的区别用语义成分分析法却无法体现出来。

表 3 "说"的翻译

	promise	unfold	chat of	chat about
《朗文当代英语词典》定义	to show signs of something	if a story unfolds, or if someone unfolds it, it is told	to talk in a friendly informal way, especially about things that are not important	to talk in a friendly informal way, especially about things that are not important
to tell	—	+	+	+
to predict	+	—	—	—

表 4 "旧时"的翻译

	old	ancient	olden
《朗文当代英语词典》定义	something that is old has existed or been used for a long time	having existed for a very long time	a long time ago
past	+	+	+
a long time	+	+	+

4 归纳总结

上面的分析体现出了语义成分分析法的唯一目的就是尽可能准确传达原文之意(Newmark, 1988:117)。运用语义成分分析法,的确可以较为准确地把握词语的意思。例如,虽然 shrill、drone、chirp 都可以指"发出声音",但是三者所指声音的各种属性却有所不同。语义成分分析法能够帮助我们区分出这些属性,并选择出适合原文意思的词语。也就是说,shrill 和 chirp 都能够较为准确地表达出"鸣蝉"的含义,而 drone 则在音频这一属性上与原文相悖,因而不能准确传达原文之意。

但是语义成分分析法不是万能的,它也有一定的局限性:

首先,语义成分分析法在区分词语的正式程度方面的作用不大。例如,用语义成分分析法区别 old、ancient、olden,就无法得出三者正式与非正式的差别。不能把握好正式程度,从某种程度上说,也会影响原文意思的传达,因此这是语义成分分析法的一个弊端。

其次,在词语含义较为丰富的时候,语义成分分析法较难判定译者取舍时的优劣。如"说丰年",既可以指诉说,又可以指预示,此时究竟该译为 promise 还是 tell,语义成分分析法就不能很好地进行选择和判定。

当然,语义成分分析法本身作为语言学的研究方法,在翻译实践中的应用所体现的长处与不足也可以引发一些对于跨学科研究和跨学科理论应用于翻译实践的思考。的确,跨学科理论的应用可以为翻译提供解决问题的新视角,但是仍需从翻译本身出发,才能对这些跨学科研究加以很好地利用。

总结以上三个部分的内容可以知道,本文从 Newmark 对于语义成分分析法的讨论出发，以辛弃疾《西江月·夜行黄沙道中》英译的四种译本分析为例，来探讨语义成分分析法在翻译中的实际应用。

尽管语义成分分析法作为语言学中的一种分析法，已经在翻译实践和批评中得到了部分应用。但是相关研究或是仅仅停留在分析表层，未能深入分析，又或是仅仅从语言学的角度进行分析，与翻译实践脱节。本文以《西江月·夜行黄沙道中》的四种英译本作为翻译实例，又以 Newmark 的论述作为理论基础，分析探讨了语义成分分析法的利弊。

根据上文的分析，总结来说，许译较为准确地传达出了原文之意，任译、贺译次之。如"鸣蝉"的"鸣"字，任译 drone 与原文意思不切合，而"说丰年"中的"说"字，贺译一、贺译二均选择 chat，也与原文有所出入，而许译的用词则都比较切合原文。

总而言之，语义成分分析法的确是准确把握原文意思的一种很好的方法。通过划分义素单位，可以筛选出最贴合原文意思的词语，从而使译文更好地将原文意思传达给译入语的读者。但与此同时，语义成分分析法也存在着它的局限性，比如，语义成分分析法无法区分词语的正式程度；在一个词语有多重含义的时候，语义成分分析法较难判定译者取舍时的优劣。

参考文献

[1] 陈伟莲.语义成分分析(CA)在翻译中的作用[J].北京第二外国语学院学报，2003(4).

[2] 贺淯滨.中国古典诗歌选译[M].北京：中央编译出版社，2004.

[3] 李莹莹.语义成分分析及其局限性[J].吉林工程技术师范学院学报，2009(6).

[4] 任治稷，余正.从诗到诗[M].上海：外语教育与研究出版社，2006.

[5] 唐圭璋.全宋词[M].北京：中华书局，1999.

[6] 吴春英.语义成分分析与中诗英译中词语意义的准确把握[J].安阳工学院学报，2007(2).

[7] 夏婕，邓小玲.语义成分分析法理论和词语的翻译[J].郑州航空工业管理学院学报，2003(3).

[8] 熊学亮.语言学导论[M].上海：复旦大学出版社，2010.

[9] 许渊冲.最爱唐宋词[M].北京：中国对外翻译出版公司，2006.

[10] 张良林.语义成分分析法的困境[J].苏州大学学报，2009(2).

[11] 张莉.成分分析法及其在翻译中的应用[J].科技信息，2008(25).

[12] PETER NEWMARK. A textbook of translation[M]. Shanghai: Shanghai Foreign Language Education Press, 1988.

附:辛弃疾《西江月·夜行黄沙道中》全词及四篇译文

西江月·夜行黄沙道中

明月别枝惊鹊,清风半夜鸣蝉。稻花香里说丰年,听取蛙声一片。

七八个星天外,两三点雨山前。旧时茅店社林边,路转溪桥忽见。

许渊冲译:

Tune: "The Moon over the West River"
A Summer Night on My Way Home from the Yellow Sand Ridge

Startled by magpies leaving the branch in moonlight;
I hear cicadas shrill in the breeze at midnight.
The ricefields' sweet smell promises a harvest great,
I listen to the frogs' croak when the night grows late.

Beyond the clouds seven or eight stars twinkle;
Before the hills two or three raindrops sprinkle.
There is an inn beside the Village Temple. Look!
The winding path leads to the hut beside the brook.

任治稷、余正译:

Xi Jiang Yue
Night Journey on Huangsha Hill

Bright moon leaving twigs startles the magpies,
Night breeze at midnight and the droning cicadas.
In the midst of rice-blossom scent unfolds the bumper year,
Frogs heard everywhere.

Seven or eight stars beyond the horizon,

Two or three drops of rain in front of the mountainside.
The old thatched store at the edge of the village woods,
As the path turns, the bridge on the brook springs to view.

贺淯滨译文一：
The bright moon has bidden good-bye
To the twig where perches a startled magpie,
At midnight cicadas chirp,
With fresh breezes caressing,
People chat of fine harvest mid the scent of rice-blossom
And there's heard the sound of frog-croak unceasing.

Two or three drops of rain fall this side of the hill,
Seven or eight stars are out beyond the sky.
Near Earth Deity Woods there's an ancient thatched inn,
Road winds and suddenly a brook-bridge meet the eye.

贺淯滨译文二：
The bright moon has bidden good-bye
To the twig where perches a frightened magpie,
At midnight cicadas chirp,
When the fresh winds fly.
People chat about the harvest in the aroma of rice-blossom
Sounds a riot of frog's cry.

Two or three drops of rain fall onto the hill,
Seven or eight stars are beyond the sky.
Near the woods of Earth Deity and an olden store,
Roads wind while a bridge appears close by.

大数据下的互联网翻译：技术发展与产业化模式*

上海立信会计金融学院外国语学院　陆　艳

摘　要：信息和通信技术的发展引领翻译进入了互联网翻译的新阶段，对翻译技术的发展和产业化带来了重要影响。通过大数据分析视角，研究互联网翻译技术发展和产业模式，提出了基于数据关联性的翻译技术智能化、基于数据泛在性的翻译内容管理的翻译技术发展思路，并设计了基于众包的翻译组织方式、基于社区的翻译平台化管理方式以及基于机器翻译的智能应用方式的互联网翻译产业化模式。

关键词：大数据；互联网翻译；翻译技术；翻译产业化

1　引言

信息和通信技术(information and communication technology，ICT)的迅速发展，使翻译产业进入了新阶段。科学技术发展的最新成果已经广泛应用到翻译当中(仲伟合，2015)，使翻译的方式、方法、手段和形态都发生了巨大的，甚至是“根本性的变化”(谢天振，2015)。结合信息技术手段进行翻译和研究已是大势所趋。

一方面，信息技术的升级使得机器翻译得到了新的发展和应用。云计算和大数据在语音识别、机器翻译等领域有了重大的突破性发展；另一方面，网络通信技术的发展和应用，使互联网模式下翻译方式出现了多样化的特点，除

*　本文为教育部人文社科项目(14YJC740062)。

了传统的人工翻译、机器翻译、本地化等方式之外，众包等新的翻译模式逐步发展并且在多个领域展现出发展前景。

在ICT的迅速发展下，信息技术支持的机器翻译和基于网络技术的众包翻译使得网络翻译模式产生了众多的变化，译员不仅仅是语言数据和系统的使用者，也是数据生产者。翻译技术的变革不但改变了传统翻译流程，也带来了对翻译伦理的新探索。翻译技术变革的结果，改变了语言服务商的服务模式，在应用翻译领域发挥了巨大的作用(傅敬民，2015)。

满足这一需求的新翻译生产方式，需要包含机器翻译软件、基于互联网的众包和协作生产，以及译员用以学习、分享的互联网社区培训平台。也就是说，翻译进入了互联网翻译的时代。在网络翻译的情境下，翻译的技术创新将带来怎样的发展趋势？将对网络翻译的产业化带来怎样的影响？这些问题的回答对于解构互联网翻译的特征具有重要的作用。由于网络翻译下机器翻译和众包翻译的融合，是人文理性基础上的技术创新，传统的翻译方法和视角对于网络翻译的解释往往无力。因此需要新的视角从技术、产业、伦理的角度去分析ICT驱动的互联网翻译的特征。

ICT技术进步的同时，还催生了大数据技术，为研究互联网翻译提供了新的方法和视角。大数据对于机器翻译和网络众包翻译不仅仅是一个基础性的技术运用，也成为机器翻译和网络众包翻译协同发展的桥梁。

同时，我们应该看到大数据已经被认为是第四种研究范式(Hey, 2012)，其对于语言学的研究具有重要的意义(梅德明，2014)。但是目前关于大数据的研究还是刚刚起步，如何展开大数据的翻译研究是一个值得开发的领域。翻译学研究方式的缺乏已经成为翻译学研究的一个重要问题(刘性峰，2016)。目前的研究一方面系统性不够，只关注技术，而忽略技术给翻译带来的人文性、社会性；另一方面研究方法不足，ICT尤其是大数据作为新的研究方法已经在许多人文学科得到肯定，然而在翻译及语言学的研究中，我们往往只见到概念的提及，却极少看到系统性应用。我们将以ICT驱动下的互联网翻译为研究对象，构建大数据的翻译模式，提出网络翻译的发展思路。我们首先将讨论网络翻译的技术基础，然后从大数据的角度分析网络翻译的技术路线、产业组织以及翻译理论的影响。

翻译在过去的20年中得到了前所未有的发展，但是仍然有许多问题值得探索，离真正实现理想的机器翻译还有很长的路要走，主要有以下两个方面的不足。第一，机器翻译是一个交叉学科，它依赖计算机、数学、语言学等多个学科的融合。机器翻译已经从简单的基于连续词串的翻译模型迈进了句法翻译模型时代，需要进一步深入融合语义等语言学信息和机器学习方法。第二，机器翻译需要更加清晰的应用模式。由于机器翻译技术方法的研究和机器翻译产业化应用是两个不同的维度，因此二者彼此分割：研究机构专注于机器翻译技术本身，而有翻译需求的企业更多的是使用已经成熟的辅助翻译软件，并不关心机器翻译技术。虽然随着各个互联网巨头对机器翻译的热情不断增高，机器翻译已经可以作为公共服务被大家所使用，但是不得不说机器翻译的研究和产业化仍然相对独立。

2 基于信息传播技术的网络大众翻译的创新

随着互联网的迅速发展，整个社会进入网络社会，由于互联网对信息传播的加速和共享特点，催生了网络翻译的迅速技术的需求，同时也打开了用户共享参与翻译的新路径，众包翻译和社区翻译开始出现了。

随着互联网技术的发展，越来越多的网民参与到信息的创造、分享以及消费之中。这种基于用户生成翻译的侧重点在于网民自发组织大规模的翻译活动，如影视字幕组、游戏本地化、漫画扫描翻译等。Salzberg(2008)称之为社区翻译，这一术语并不包括集聚于专职翻译的译者群体，它只包括集聚于某一翻译活动的译者群体。以共同的兴趣为动机如交易型社区、兴趣型社区、学习型社区(马旭燕，2014)，因此可以称为“用户生成翻译”，这种翻译是由群众自主发起、自主参与的翻译行为，可以看成是网络大众参与翻译的早期行为。

在用户生成的翻译基础上，正式的组织或个人发起并组织了群众参与的翻译行为就形成了众包翻译，众包翻译则是有规律、有组织、有版权保护、甚至有经济利益的翻译活动(曹艺馨，2015)。众包翻译的出现对翻译产业带来了不小的冲击，志愿者成为译者(陆艳，2013)。同时，由于参与者水平的参差不齐，译后编审成为翻译流程中的重要环节。

尽管网络大众翻译是网络通信技术发展的产物，但是激励的持续性、翻译质量的控制等问题成为影响众包翻译发展的障碍。一个有效的方法就是引入机器翻译构成人机结合的翻译平台(陆艳,2014),这并非传统的翻译的人机结合,技术的工具理性与翻译的人文理性张力的结合依然是翻译的主旋律(刘满芸,2016)。网络大众对翻译的贡献不是简单的翻译初稿形成,而是翻译价值的共同创造者,一方面直接构成了翻译作品的价值产出,另一方面则丰富和完善了翻译的语料库基础。这种平台化的翻译模式成为网络大众翻译的发展方向。大数据作为 ICT 时代的重要产物,是否可以提供构建互联网时代翻译模式融合的新视角和新方法呢?为了回答这个问题,我们将先分析大数据下互联网翻译的特点,然后讨论大数据下的网络翻译发展需求。

3 大数据下的网络翻译

大数据下网络翻译的特点主要体现在以下几点:

首先,大数据作为一种新生活方式,它改变了翻译的需求内容、需求结构以及需求方式,翻译需求往往会以意想不到的方式呈现,翻译的需求结构将不再是针对传统的企业级的、专业性的翻译模式,个人的行为比如网上购物行为往往也会触发翻译需求。需求的方式不再是正式的、完整的翻译服务合同,移动的、即时产生的翻译需求将会成为常态,因此翻译产业的服务对象和服务需求发生了重大的变化。

其次,大数据作为一种新技术,对于语言服务提供商来说需要重新构建从数据处理到数据存储到数据挖掘、数据可视化的完整的翻译数据处理技术体系,翻译的数据库建设如何满足多样化的数据来源,翻译平台的开发如何实现翻译的速度及时,翻译技术构建如何适应大型海量数据的承载要求,这些都对翻译的产业化带来了触动。

再次,大数据是一种新的思维模式,引发对翻译产业链、翻译企业,以及翻译模式的价值、资源、关系的重新思考(陆艳,2014)。互联网翻译产业链中语言服务提供商、翻译技术软件提供方、翻译本地化推广都面临着如何重新进行资源配置,从而实现价值的问题,大数据将会对现有的翻译模式如机器翻译、众包翻译等模式带来机遇和挑战。

因此,接下来我们将从翻译技术和翻译产业化的角度来探讨大数据视角下的互联网翻译的发展趋势。

4 基于大数据的网络翻译技术发展路径

与传统逻辑推理和数据处理的研究不一样，大数据研究具备较强的统计科学特征，是对规模庞大的数据进行统计性的获取、聚类、比较和分类等分析归纳，关注数据之间的相关性或关联性，目的是为了发现大数据中蕴含的关系网络（舍恩伯格，2012）。我们可以利用大数据的相关性分析方法，建立大数据下的翻译技术智能化的实现路径。

首先，通过对源语言数据的聚类、比较和分类，掌握系统中的语义切分规则，把输入的源文切分成若干个相关的语义元成分。再根据语义转化规则，如关键词匹配，找出各语义元成分所对应的语义内部表示，揭示它们之间的逻辑关联，形成全文的语义表示。通过多路径动态选择以及知识库的自动重组技术，在语言的不同平面进行转换，按目标语言结构规则生成目标语言。

其次，通过对源语言数据的统计性萃取，例如，基于搜索大量的双语网页内容的信息，将其作为语料库，然后由计算机自动选取最为常见的词与词的对应关系，最后给出翻译结果。由于基于统计的方法需要大规模双语语料，翻译模型、语言模型参数的准确性直接依赖于语料的多少，而翻译质量的高低主要取决于概率模型的好坏和语料库的覆盖能力。虽然语料的选择和处理工程量巨大，但大数据下产生的海量数据丰富了语料库，提高了歧义消解处理和译文选择的效率，避开了语言理解的诸多难题。

再次，海量数据如果能彼此打通，从中可以产生大量新知识。例如，将各种各样的译者、译文、读者之间的环节互相打通，将互联网、数字图书馆、专业语料库联系起来，进行深度搜索，用数据海的特点从不同角度获得新的知识和新的认识。大数据与智能终端、移动互联等相互结合，最终实现翻译的智能化。

5 基于大数据的互联网翻译产业模式

随着大数据技术的广泛应用，互联网时代的翻译模式将出现以下三种主要的翻译方向。

5.1　基于众包的翻译组织方式

随着大数据技术的不断驱动，基于众包翻译的翻译模式将成为互联网时代翻译产业组织的重要形态，众包翻译适应了网络环境下译境的变化，将大数据的译文对比和完整的译者管理融为一体；并以译者管理为中心，构建全新的翻译管理机制，从译本的评价制度、译者的选择机制和众包翻译的流程管理方面重新定义了翻译的组织模式，这种组织模式体现了大数据下翻译模式的创新。

基于任务导向的流程设计众包翻译组织模式包括：

（1）译者选择。如何依据译本要求建立译者选择标准、设计选择程序、进行选择评价等，从而实现译本要求匹配下的译者选择。

（2）翻译过程规划。网络翻译的过程规划，是以 IT 技术为支撑，通过设计技术平台框架，规划建立涵盖项目经理、译者、译后编辑加工等在内的翻译作业流程，实现翻译各个环节的关联与互动。由于网络翻译必须建立在便于译者操作的简单任务基础上，这就产生了原文分拆中的分拆标准、分拆连贯性等问题，也就为翻译质量控制带来了不少隐患，因此，质量控制是网络翻译过程规划的关键。

5.2　基于社区的翻译平台化管理方式

基于社区的翻译平台将是互联网时代翻译内容管理的关键，该平台一方面体现了翻译合作伙伴间利益共享的机制，另一方面则体现了不同应用共享数据的技术架构。

平台型模式中参与翻译活动的各方能有效交流和沟通是这一模型的特色，也是大数据时代给翻译带来的生机。翻译在平台的支持下，可以允许多方同时参与，不仅缩短了原来业务流程中各个环节的衔接时间，形成无缝衔接，提高工作效率，还可以让译者和客户、译者与编辑以及项目经理之间及时对翻译过程中遇到的种种问题进行沟通，从而提高工作效率。同时也可以实现翻译业务流程的可视化。这种基于大数据的平台往往包括三大模块：客户管理、内容管理和译者管理。

（1）客户管理。客户管理是用来实现与客户交流和管理的模块，利用大数据智能挖掘模型，可以实现智能化的客户价值弹性预测、服务精准营销、客户客服预警模型，利用该模块翻译管理员可以实现对客户翻译的需求管理、过程管理以及关系维护。

（2）内容管理。翻译内容管理则是以内容的获取、发布、管理为核心，体现翻译及时化的特征，根据不同的内容要求如网页、培训文档、说明书等形式实现从内容到形式以及功能的优化和管理。将大量的非结构化和半结构化数据源的信息及时抓取并整合起来，形成丰富可视化的分析应用服务。

（3）译者管理。译者管理主要是基于译者参与动机的志愿者激励和职业译者的能力培养。管理译者、保证翻译社区的活力是众包翻译中的重要问题。一方面，激励志愿译者，让其保持翻译热情；另一方面，职业译者必须迎接新的翻译模式的挑战，培养新的职业技能。

5.3 基于机器翻译的智能应用方式

一般意义上的大数据技术包括大规模并行处理数据库、数据挖掘、分布式文件系统、分布式数据库、云计算平台、互联网和可扩展的存储系统。对于翻译产业而言，随着人工智能技术的引用，大数据技术主要包括基础层（并行构架、硬件层）、系统层（大数据存储管理、语料库）、算法层（基础算法、深度学习算法）和应用层（智能化翻译软件），其中，基础层可以通过硬件外包的方式或者硬件租用的方式完成；基于语料库，开发基于深度学习的人工智能翻译算法，将硬件（服务器、存储器及网络）和相关软件（语料库、TM）作为服务交付给用户使用，通过在线翻译、移动端 App 翻译、语音翻译等形式同步提供给客户所需要的信息。

这种智能化的应用开发模式，一方面，可以采用共享的开发理念，利用技术开发的基础条件，以开源的方式依靠翻译软件企业进行翻译技术开发，如云计算下语料库的共同建设，所有的语言资产都存储在一个单一的集中式服务器，在多个翻译记忆库共享，通过授予其他用户访问项目；另一方面，与众包的结合，通过机器学习，计算机将基于人工修订后的结果学到准确的单词表达，以及人类的语言习惯，从而优化未来的翻译能力。

6 结语

ICT 技术的发展使翻译产业迅速进入了互联网翻译的时代，ICT 技术一方面将机器翻译朝着人工智能的方向发展，另一方面推动了众包翻译等新型翻译组织形态的产生。在ICT驱动翻译技术变革的过程中，大数据技术将众包翻译与人工智能有机有效地结合起来，推动未来的互联网翻译朝着众包翻译组织、平台化翻译管理、智能化翻译应用的方向发展。

参考文献

[1] 曹艺馨.互联网大众翻译模式微探：历史、现时、未来[J].中国翻译，2015(5).

[2] 傅敬民，谢莎.翻译技术的发展与翻译教学[J].外语电化教学，2015(11).

[3] 马旭燕.网络翻译社区初探[J].上海翻译，2014(2).

[4] 刘满芸.翻译技术时代翻译模式的裂变与重构[J].中国科技翻译，2016(4).

[5] 刘性峰，王宏.翻译学研究范式的嬗变、问题及对策[J].外语研究，2016(2).

[6] 陆艳.网络众包翻译模式研究[M].北京：中国出版集团，2012.

[7] 梅德明.大数据时代语言生态研究[J].外语电化教学，2014(1).

[8] 维克托・迈尔-舍恩伯格.大数据时代——生活、工作与思维的大变革[M].盛杨燕，周涛，译.杭州：浙江人民出版社，2012.

[9] 谢天振.现行翻译定义已落后于时代的发展——对重新定位和定义翻译的几点反思[J].中国翻译，2015(3).

[10] 王海峰，吴华，刘占一.互联网机器翻译[J].中文信息学报，2011(6).

[11] 王华树.大数据时代的翻译技术发展及其启示[J].东方翻译，2016(4).

[12] 仲伟合.对翻译重新定位与定义应该考虑的几个因素[J].中国翻译，2015(3).

[13] HEY T. The fourth paradigm: data-intensive scientific discovery [M]. Berlin: Springer, 2012.

[14] SALZBERG C. Community translation in a multilingual online environment: case study and theoretical framework[D]. Tokyo: The University of Tokyo, 2008.

[15] SHAW D, HOLLAND C. Strategy, networks and systems in the global translation services[J]. The Journal of Strategic Information Systems. 2010, 19(4):242-256.

论跨文化翻译中的文化误解与实效沟通

上海立信会计金融学院外国语学院　章　琦

摘　要：翻译是跨语言、跨文化的交际活动。由于文化差异，跨文化翻译中会出现文化信息传递障碍。实效沟通是跨文化翻译的目的和成功要素之一。文章拟从民众耳熟能详的中国文化事物的英语命名的误译入手，对跨文化翻译中的文化误解和实效沟通原则试作简论，同时探讨避免文化误解的良方对策。

关键词：跨文化翻译；实效沟通；异化策略

1　引言

"龙"是中华民族的象征，中国人爱以"龙的传人"自居。传统字典里对"龙"一词的英译一直为Dragon。黄佶却对此提出了异议，认为Dragon的本意是凶残的巨兽、恶魔、悍妇等，中国人在外国人面前自称Dragon，是自我妖魔化，所以"龙"应该翻译成Loong，它的发音和"龙"相近，两个"o"像龙的两只眼睛，而且Loong在书写形式上与单词long（长）相近，给人以"长"的感觉，具有象形文字的特点（黄佶，2006）。

基于这一异议，笔者不禁深思：既然Dragon一词在经多方考证确认系为带有强烈贬义色彩的词汇，在绝大多数西方人眼中会产生凶恶食人的巨兽和悍妇的印象，与中国象征吉祥如意的"东方巨龙"的意思大相径庭，那么将"龙"翻译成Dragon确实大为不妥，其翻译的结果势必并且已经造成民族文化沟通的误解。以小见大，"龙"一词翻译的行为实际上是一种跨越民族国界的、为实现跨文化沟通目的的跨文化翻译。因此，我们认为，跨文化翻译的成功要素之一在于实效沟通(effective communication),以使一种语言及其蕴含的文化内涵被另一种语言形式所表述传达。在此过程中,译者应竭力避免由于文化差异而造成误解的误译。若因误译而造成误解,还不如不译。本文拟对跨文化翻译中的文化误解和实效沟通原则进行简单介绍,并探讨避免文化误解的对策。

2 文化误译的典型例子

"龙"是深具中国特色的产物。"龙"在中国文化中常常与帝王相联系,中华民族爱将自己称作"龙的传人";而英语中的 Dragon 却是长着鹰爪和鹰翅、狮子的前脚和头、鱼鳞、羚羊角以及蛇尾、口中吐火的巨大怪物,这种被基督教视为恶魔化身的 Dragon 与象征高贵的"中国龙"形成了鲜明对比,它们本不为同一事物。如是,中国的"龙"在西方英文中就找不到与之相同的对等成分,也属于词汇空缺成分。按多年传统经验,人们套用了西方宗教里与中国"龙"外形颇为相似但又不尽相同的 Dragon 来翻译"龙",在当时也许属于无奈之举。但这一套译从本质上说是误译。因为它不仅产生了文化误解,更产生了译者当时所未料及的误译之"极端效应"。从中国神龙到西方恶兽,"龙"被译为 Dragon 使本不了解中国文化的西方读者对中国产生了相应的厌恶情绪,对自称是"龙的传人"的华人不由自主地产生了排斥和歧视,"将中国人看成是恶魔和坏人"(黄信,2006)。更有甚者,"龙"还成为某些对中国怀有戒心的西方政客向其国人宣传丑化中国形象的手段。

在外国政治漫画中,"龙"常常被用来象征中国,但很多龙的形象实际上是 Dragon 或有 Dragon 的影子。Dragon 的庞大身躯和残暴特性被用来暗示中国的强大和对别人的威胁,"龙"成了"中国威胁论"最有力的佐证。因此,若将"亚洲四小龙"译成"Four Asian Dragons",自然也会在西方人心中产生强大并具有威胁性的"亚洲四小魔"的反面形象。

2008 年北京奥运会吉祥物"福娃"的官方英文译名也曾引发误译争议。起初北京奥组委公布的福娃英译名为 Friendlies。该英文译名一经发布,其准确性就受到了质疑。新华网体育论坛中曾以"福娃国际译名是否恰当?"为题在网民中展开了讨论。兰州大学资环学院李博士首先对福娃原译名 Friendlies

提出质疑并指出了三个方面的不足。首先，在单词意义上，Friendly 有两个意思：一是“友好的人”，二是“运动队之间的比赛（也就是友谊赛）”，两种意思的复数形式均为 Friendlies。其次，在发音上，Friendlies 跟 Friendless（没有朋友的）发音相近，容易造成误解；再次，在单词读音上会让人认为，“Friendlies＝Friend（朋友）＋Lies（说谎）”，会产生歧义（检察日报，2006/10/20）。所幸的是，北京奥组委当时反应迅速，在综合考虑各方面原因后，更改了福娃译名，由原来的英译版本正式改为汉语拼音“FUWA”。北京奥组委官员接受媒体采访时表示，改名后的福娃英文名称更加好记，从而便于推广（见 http://en.beijing2008.cn）。

在中国南方，福娃常被用来形容小孩，是个很流行的说法，意为“好运气”。福娃是一种体型丰满圆润的泥娃娃玩偶，起源于中国南方，现已扩展到了全国。但若硬给象征好运气的吉祥娃娃“福娃”按上个不伦不类的英文译名 Friendlies，难免让人感到一头雾水。福娃改名的原因看似源于起名上的不慎，以及随之而来衍生的众多歧义，实际上是最初为福娃定下英文名称时，缺乏避免民族文化沟通误解的跨文化翻译意识。对于福娃的误译，笔者谈两点思考：

其一，在跨文化翻译中，译者应将避免文化误解和歧义放在首要位置。翻译不仅仅是语言间的语码转换，还是一种文化对话。跨文化翻译在文化对话中起到了桥梁和中介的作用。语言作为文化的载体，最能直观地反映文化变化的状态。因此，在跨文化的中译英中，中国译者须意识到由误译引发的歧义，并尽己所能予以避免，否则就有可能导致贻笑大方甚至是极端效应。如将福娃翻译成 Friendlies 就是奥运翻译中歧义的典型例子。Friendlies 是中国译者给福娃生造的名字。问题是你生造的词语要让人看懂，要能正确地承载含义，能准确地表达思想，而不是让人如坠云里雾里。在这一层面上，有的中国译者往往不顾民族文化的特殊内涵，只顾及表面的通顺或易懂。但问题是通顺尚可，而易懂真的做到了吗？我们看到的结果常常是译者自己以为创作出了好的翻译，可读者是否能真正理解我们的翻译？

其二，北京奥组委最终将福娃英文译名修正为“FUWA”是正确之举，向世界人民打开了一扇跨进中国文化的窗户。“福娃”就是 FUWA，简单明了。这个词好就好在国人都懂，外国人看了也会多学到一个美好的“福（FU）”字，而无须担心会联想到谎言之类的歧义。

由于人与人之间存在着大同和文化、语言的共性，所以一般来说，各种语言之间都存在着相关的对等成分。但又由于文化和语言的差异，一种语言有的词在另一种语言中也许没有对等或契合的词。出现这种情况时，我们就称之为词汇空缺(周玉忠，1991)。在相当长的一段时期内，只要遇到带有浓重中国文化色彩的词汇空缺，译者往往采用归化策略处理，致使译语读者根本无法对中国文化窥知一二。有些译者对待"福娃"之类的词汇空缺，总是习惯性用西方已有的事物来替代。乍一看，Friendlies 在通顺易懂中还透着友好意味，但实际上这样的翻译已对西方关上了了解中国文化的大门。

再看近年来译界讨论的一个热点话题，即汉语的"关系"是否与英语的 relation 对等的问题。有部分跨文化专家提出"关系"应被音译成 GUAN XI，以利于文化的有效沟通和信息的成功传递。我们认为这有一定的道理。因为"关系"这个词在中国文化中承载着太多太深的含义，它不仅代表了事物之间的相互作用、相互影响，还包含了人与人或人与事物之间的联系；还可引申为对有关事物的影响或重要性，泛指条件；还能涵盖表明有某种组织关系的证件；还可引喻为带有暧昧意味的关联与牵涉。所以，将"关系"翻译成 relation 仅做到了表面上的对等，实际上造成了丰富文化内涵的缺失，使西方读者不能真正领会中国文化中"关系"的丰富含义。

3 避免文化误译的策略

翻译是跨语言、跨文化的交际活动。由于文化差异，跨文化翻译中会出现文化信息传递障碍。翻译的任务是沟通两种不同的文化，还要修补某些"文化亏损"。在对文化翻译方面至少有一条原则必须遵循：译文必须忠实。任何时候，翻译的根本宗旨还是要"信"于原文。鲁迅曾提出"宁信而不顺"。的确，没有了忠实性，其他的一切努力都会失去其存在的基础。跨文化翻译的实效沟通目的便是对"信"的最佳诠释。而为了达到原文与译文不同文化间的实效沟通，异化翻译便在此时发挥了举足轻重的作用，有效地避免上述由于误译而造成的文化误解。

异化翻译(foreignization translation)是翻译中对文化因素处理的一种方法，即指在翻译方法上迁就外来文化的语言特点，吸纳外语表达方式，译文以源语、源语文化或原文作者为归宿。L Venuti 是异化翻译的代表人物，他的著作《译者的隐形》率先对归化翻译(domestication)的种种弊端进行了批评，他从文学、文化和政治的角度提倡异化翻译以保留原文的语言和文化差异。L Venuti在《翻译的策略》中把异化翻译定义为“偏离本土主流价值观，保留原文语言和文化差异”(Venuti，2001:240)。异化翻译的作用是为了再现原文特有的文化思想和艺术特色，异化的表达法在译语读者看来是不合常规的、新奇的，从而产生一种异国情调，即鲁迅先生所说的“洋气”(章琦，2007)。

在对目的语中无对等成分的表达进行翻译时，异化翻译的必要性和可行性就会得到彰显。以“饺子”“阴阳”“风水”“武术”“太极”等为典型代表的词汇，表达的都是中国特有的事物。由于民族特色浓重，在英语中很难找出对等成分，此时要实现等效翻译就显得相当困难。先辈译者在此方面可以说是煞费苦心，如有将“饺子”译成 dumpling、将“风水”译成 geomantic omen、将“武术”译成 boxing、将“太极”译成 shadow boxing、将“事后诸葛亮”译成 be wise after event，也有将“班门弄斧”译成 never offer to teach fish to swim 或者 don’t teach your grandmother how to suck eggs 的。译者选用这些表达作为英译文或许是因为它们确系英美国家耳熟能详的惯用表达，西方读者面对译文能迅速接受并消化源语浓厚的东方文化。然而这样的翻译未免通顺有余，而信达不足。事实上，这类囫囵吞枣式的翻译未必能使西方人真正理解中国文化。dumpling 本意为“面团布丁”；geomantic omen 实意为“占卜征兆”；be wise after event 只作事后明智解，原文的“诸葛亮”形象已荡然无存；never offer to teach fish to swim 只宜解释为“不要教鱼儿游泳”；don’t teach your grandmother how to suck eggs 的中文为“别教老奶奶怎样吮鸡蛋”，又何来斧头的形象？“饺子”等深具中国民族特色的事物与这些耳熟能详的英语表达虽然在某些特征性状上有类似之处，但毕竟并非同一事物，不是信息量相当的对等成分。它们就好像中华“武术”不是西方拳击 boxing 一样，更别说“太极拳”在欧美文化中根本就没有对应的功夫名词。为“顺”而进行的套译很容易使异国读者产生不同的文化意象。故译者在翻译时切不可忽视其文化内涵而给它们胡乱扣个帽子了事，那样只会重蹈“福娃”之覆辙，再次发生文化误解，甚至极端效应。

幸运的是 Jiaozi(饺子)、Fengshui(风水)、Yinyang(阴阳)、Wu Shu(武

术)、Tai Chi(太极拳)等异化译法已崭露头角,并先后被英语词典收录。即使国外读者在刚开始的时候无法理解这些翻译,也是无伤大雅的,因为他们至少没有因为误译或套译而造成不同民族间的文化误解。"世上本无路,走的人多了便有了路。"鲁迅先生的名言给了人们这样的启示:历经时间洗练,新生事物在逆境中成长,必将最终为人所接受。这样的异化翻译便是一个良好的开端,让异邦读者走好了解中华文化的第一步。既然有了 Fengshui(风水)、Yinyang(阴阳)等异化翻译的概念,国外读者在研究学习中国文化的过程中最终会理解和接受"福娃""龙""饺子""阴阳""风水""功夫""太极"等中国文化特有、且不可为西方神话或典故套译的文化。

4 结语

综上所述,由于人类文化的共性以及民族文化的个性,英汉两种语言的跨文化翻译会时常出现貌合神离的误解,值得我们研究,尤其是中国译者更应对此保持高度警觉。中国五千年的历史文化积淀铸就了世界上独一无二的东方文化。也正因为此独一无二,中国文化在世界上的误会也此起彼伏,络绎不绝。文章中的误译例子只是冰山一隅,中国译者必须看得更高、更远。在今后的翻译工作中,中国译者会面临更多的类似福娃、龙等具有典型中国特色的现实翻译挑战,它们同样会涉及文化范畴,其间将如何取舍以最大限度地在避免文化误解的同时弘扬中华文化,译出我国文化精粹,让世人了解到源远流长的中华文明,是值得所有中国译者深思的问题。

参考文献

[1] 韩雪."福娃"改名的背后[N].检察日报,2006-10-20.

[2] 章琦.评论异化翻译的跨文化价值[J].上海翻译,2007(1).

[3] 周玉忠.英汉对译中的不可译现象[J].外语教学与研究,1991(3).

[4] 黄佶."龙"的英文应该翻译成 Loong[EB/OL].[2006-03-16]http://www.loong.cn/loong1.htm.

[5] VENUTI L. Strategies of translation[C].//Baker L, et al. Rootledge encyclopedia of translation studies. London and New York: Rootlege, 2001.

20 世纪美国文学批评在中国

上海立信会计金融学院外国语学院　高莉敏

摘　要：从早期美国文学批评的雏形，到20世纪形形色色的理论思潮，美国文学批评的发展经历了一个漫长的历史时期。本文重点评述20世纪的马克思主义文学批评、新批评、后结构主义文学批评和后殖民主义批评在国内的研究状况，进而勾勒出20世纪美国文学批评在中国的发展轨迹。

关键词：马克思主义文学批评；新批评；后结构主义文学批评；后殖民主义批评

1　引言

从马克思主义文学批评、新批评，到精神分析批评、神话原型批评、读者反应批评，再到结构主义文学批评、后结构主义文学批评、女权主义文学批评、新历史主义文学批评和后殖民主义文学批评，20世纪美国文学批评呈现出前所未有的繁荣景象。面对这些异彩纷呈的批评理论，中国学者不仅积极引进和介绍美国文学批评的最新成果，还就各个批评流派的得失发表自己的看法，得出了许多颇有见地的结论，极大地推动了美国文学批评在中国的发展。回首20世纪美国文学批评在中国走过的历程，适时地梳理已有的研究成果对进一步开展和推进美国文学批评研究会起到一定的总结和引导作用。本文根据20世纪美国文学批评理论在国内的受关注度，择要评述其中四种文艺理论在国内的研究状况，进而管窥20世纪美国文学批评在中国的接受和发展情况。

2 马克思主义文学批评

国内学者对美国马克思主义文学批评的重视大抵是从 20 世纪 80 年代开始的。在这一阶段，赵一凡在《外国文学评论》上发表了《马克思主义与美国当代文学批评》(1989)一文。该文中，赵先生聚焦 60 年代新左派学术革命、70 年代"新马克思主义"理论热潮和 80 年代"后马克思主义"文化研究运动三个阶段，集中考察了 20 世纪 60 年代以来马克思主义批评理论在美国学界的演变与发展。除此之外，王逢振发表了针对英、美马克思主义文学批评的代表人物伊格尔顿(Terry Eagleton, 1943—)和杰姆逊(Fredric Jameson, 1934—)的评论文章——《伊格尔顿和杰姆逊：西方马克思主义文学批评的新发展》* (1989)。在文中，王先生既指出了詹姆逊理论体系的优点，也点明了其不足之处。他的客观分析和点评不仅有利于我们深化对詹姆逊理论体系的理解，还有助于我们从整体上把握美国马克思主义文学批评的发展。总的来说，国内 80 年代的美国马克思主义文学批评研究以介绍为主，而且大部分文章属于综述类。

进入 20 世纪 90 年代，学者们对美国马克思主义文学批评的研究较之于 80 年代更加"细腻"。如夏政在《略谈 30 年代的美国左翼文学批评》(1991)一文中，围绕美国 20 世纪 30 年代这个时空坐标，介绍了当时发生的左翼文学批评运动和其中的代表人物，并分析了它对以后的美国马克思主义文学批评，甚至是美国文学产生的深远影响。夏先生关注的是美国 30 年代的左翼文学批评，盛宁先生则在《美国新左派和新马克思主义的文学批评刍议》(1993)一文中，把批评的目光投向了美国六七十年代以后兴起的新左派和新马克思主义文学批评，介绍了其代表人物詹姆逊以及那些"只会承认自己接受过马克思主义的某些影响，却不肯接受这样一个称谓"的批评家，如格拉夫(Gerald Graff, 1937—)、兰特里夏(Frank Lentricchia, 1940—)和萨义德(Edward Said, 1935—2003)(盛宁，1993:114)。朱刚在《评詹姆逊的"元评论"理论》(1997)中，重点探讨了詹姆逊的文艺批评方法：元评论。值得一提的是，他在阐述"元

* 此文章中作者将詹姆逊译为杰姆逊。

评论”的概念和基本特征的同时，指出了其得与失。总的来说，在 20 世纪 90 年代，学者们对美国马克思主义文学批评的研究不像 80 年代那样笼统了，而是深入其发展的不同历史时期、对其代表性人物的理论体系进行详细的解析和评论，从而得出令人信服的结论。

跨入 21 世纪，从已发表的文章来看，不仅在数量上超过了 20 世纪 80 年代和 90 年代，而且文章的类型和深度也有了较大突破。在这一阶段，赵一凡在《中国图书评论》上发表了系列评介性文章，如《西马在美国》（上、下）（2007）、《詹姆逊：后现代再现》（上、中、下）（2008）等。在这些文章中，赵先生结合自己在美国的见闻，以轻松、幽默的语气叙述了马克思主义批评在美国的发展过程，以及美国马克思主义批评家詹姆逊的人生经历和其理论体系的形成。赵先生灵动、诙谐的笔触使这些文章脱颖而出，令人眼前一亮。除了评介性文章外，研究性文章在这一阶段占据了主导地位，如胡亚敏的《后现代社会中的新马克思主义批评》（2000）、王宁的《当代英美马克思主义文化批评》（2002）等。在这类文章中，美国马克思主义文学批评家詹姆逊是学者们关注的焦点，如胡亚敏在文章中以詹姆逊为个案，论述后现代社会中新马克思主义批评的特点和贡献；王宁在文章中把詹姆逊尊称为一位“难以有人匹敌”新马克思主义理论家，详细评说了其马克思主义的后现代批评。虽然早在 20 世纪 80 年代和 90 年代，就有学者介绍和分析了詹姆逊的理论体系，但随着时代的发展，特别是进入 21 世纪，学者们的批评视角也发生了显著变化。从胡亚敏和王宁的文章中可以看出，他们关注的是詹姆逊理论体系中马克思主义和后现代的关系问题。学者们立足当代社会，对詹姆逊的理论体系作出了与时俱进的评析。随着 2011 年“马克思主义文学批评的中国形态”学术研讨会在华中师范大学的召开，学者们的研究视角不断扩大。胡亚敏的《中国马克思主义文学批评的人民观》（2013）立足本土，认为“人民”是中国马克思主义文学批评的出发点和归宿；冯宪光的《后马克思主义文论的一个焦点问题》（2014）则关注探讨较少的后马克思主义文论，解读其中的世界文学研究和辩论这一热点问题。总的来说，这一阶段批评家们对美国马克思主义文学批评的研究更加深入，讨论的问题也更加丰富。

3 新批评

早在 1962 年，袁可嘉先生就在《文学评论》上发表了《“新批评派”述评》(1962)一文。在该文中，袁先生详细评介了新批评派的文学理论、文学批评和文化思想三个方面的内容，并指出该派理论的“极大害处”在于，“他们诗歌语言理论的出发点是把文学作品看作离开了社会生活和思想内容的有机的象征体。他们把作品和语言等同起来，孤立地、片面地用语言技巧和文字分析来代替作品的社会意义和思想价值。这就从文学中抽去了根本的东西而代之以枝节的东西”(袁可嘉，1962:70)。袁先生敏锐地发现了新批评派的不足之处。但由于时代原因，整篇文章政治色彩浓厚。最后，袁先生给新批评派贴上了反动的标签，认为“‘新批评派’，这个帝国主义没落时期资产阶级的反动理论流派，是应当受到全面的、严格的批判的。”(袁可嘉，1962:81)

进入 20 世纪 80 年代，改革开放的春风吹散了弥漫在文学研究领域中的政治气息，国内的美国新批评研究成果显著，出现了多部介绍和研究新批评派的专著、编著。其中，赵毅衡先生的著作《新批评——一种独特的形式主义文论》(1986)是国内第一部较为全面评介新批评的专著。在书中，赵先生剖析了这一流派的思想倾向、理论体系及其哲学基础、方法论特点和对诗歌语言研究的成就与缺点，不仅为我们从整体上把握新批评派的发展趋势提供了借鉴，还为国内的新批评研究奠定了基础。除此之外，赵先生还编选、翻译了《“新批评”文集》(1988)一书。在书中，赵先生与众多学者一起翻译、介绍了艾略特(T S Eliot, 1888—1965)、兰色姆(John Ransom, 1888—1974)、布鲁克斯(Cleanth Brooks, 1906—1994)、韦勒克(René Wellek, 1903—1995)等不同时期新批评派代表人物的论文，为国内的新批评研究者提供了一批第一手的资料，同时也为扩大新批评文论在国内的影响作出了贡献。与此同时，史亮也编译了《新批评》(1989)一书，编选、翻译了众多新批评家最有代表性的文章，为国内读者提供了一本新批评的论文集。在文章方面，评介性文章依然占据了主导地位，如杨周翰的《新批评派的启示》(1981)、张隆溪的《作品本体的崇拜：论英美新批评》(1983)等。值得注意的是，杨先生和张先生在评介新批评派得与失的同时，都强调了新批评派带给我们的启示。杨先生认为，“新批评派对我们的一个最重要的启示就是从形式到内容”(杨周翰,1981:9)。张先生进一步解释说,“要了解文学作品的内容,就有必要从分析它的具体形式入手,而形式,……是抽象内容在生动具体的形式中的体现”(张隆溪,1983:111)。张先生所提倡的正是新批评派文学形式分析的方法。中国文学批评的传统是谈思想内容多,讲艺术形式少,也缺乏系统的方法做细致的文学形式的分析,而新批评派所倡导的形式分析正是我们所不擅长的。通过从新批评派得到的启发,充实和丰富我们自己的文学批评,这才是具有建设意义的积极态度。

进入20世纪90年代,随着各种“后现代”理论的出现,人们转向对新兴理论热潮的追逐,新批评似乎不像以前那么醒目了。但是,仍有不少学者专注于新批评研究。王锺陵先生在《中国社会科学》上发表了《新批评派诗学理论研究》(1998)一文。在此文中,王先生在划分新批评派的类型及源流的基础上,对这一流派的诗学理论进行了剖析,并与中国传统文论进行了比较。他认为,只有“深刻剖析西方文论的得失,并与中国传统文论进行扎实的比较,才能与西方文论、特别是现代西方文论深入对话,才有助于兼具现代形态和民族特色的文学理论的建设”(王锺陵,1998:162)。王先生在对新批评理论与中国传统文论的比较中获得了启发,他的观点与杨周翰和张隆溪两位先生的观点有异曲同工之妙,可以概括为“取其精华,为我所用”。除此之外,蒋洪新在《湖南师范大学社会科学学报》上发表了《T·S·艾略特与新批评派之比较研究》(1999)一文。

进入21世纪,新批评研究又焕发出了新的生机与活力。在这一阶段,关于新批评研究的专著层出不穷,其中以赵毅衡的《重访新批评》(2009)和乔国强、薛春霞的《什么是新批评》(2011)最为引人注目。虽然赵先生的《重访新批评》与其20世纪80年代所著的《新批评——一种独特的形式主义文论》一书的内容大体相同。但是,在这本书的最后,作者挑选了三篇应用新批评的例文作为附录,而这三篇文章都是讨论当今中国文学的文字,而非关于外国文学。由此可见作者的目的,即本书的落脚点,“新批评可以与今日中国的文学创作和文化实践结合得很紧”(赵毅衡,2009:17)。这也正是赵先生两本著作的最大不同之处。乔国强和薛春霞的专著《什么是新批评》于2011年由上海外语教育出版社出版。该书的最大特点是以问答的形式铺陈展开。全书60个问题涉及新批评的基本概念、理论背景及其代表人物的观点论述等方方面面内容，著者们对这些问题逐一作出了简明扼要、深入浅出的讲解，引领读者进入新批评研究的学术园地。在期刊文章方面，学者们不仅在继承前人研究成果的基础上，继续研究一些新批评的基本问题或进行综述，如蓝仁哲的《新批评》(2004)、支宇的《文本语义结构的朦胧之美——论新批评的"文学性"概念》(2004)、刘万勇的《新批评"自律性"文学观源流探》(2005)、廖昌胤的《悖论》(2010)和赵毅衡的《新中国六十年新批评研究》(2012)等；而且还用比较的方法，讨论新批评文论与我国文论、文学的关系，如代迅的《中西文论异质性比较研究——新批评在中国的命运》(2007)、龚武的《新批评与中国现代文学》(2009)等。不过，综观这一时期的论文发表情况，韦勒克研究成为一个新的亮点，如支宇的《文学结构本体论——论韦勒克的文学本质观》(2002)、温潘亚的《文学史：文学共时结构的动态史——论韦勒克的文学史观》(2002)、胡燕春的《雷纳·韦勒克的文学史观述评》(2007)、乔国强的《论韦勒克的文学史观》(2009)和马粉英、雷彬的《重访新批评——试论韦勒克的决定性结构》(2012)等。值得一提的是，在乔国强的文章中，作者不仅分析了韦勒克文学史观的理论基础和基本理论框架，而且点明了其局限性。最后作者指出，"韦勒克的文学史观说到底，其实还是坚持对文学内部的研究，而不是与其相关的历史的、社会的、思想史的或心理等背景的研究，没有超出'新批评'对文学的认知范围"(乔国强，2009:86)。乔国强的这一观点反映出他对韦勒克文学史观的独到见解，这也是他与那些认为韦勒克的文学史观是超越新批评的文学理论的学者的最大不同之处。总的来说，这一时期研究者们从多个方面对新批评的多个问题进行了探讨，较好地挖掘出了新批评的多维关系和深层意蕴。

4 后结构主义文学批评

后结构主义文学批评一经引入国内，就博得了国内学者的青睐。早在 20 世纪 80 年代，就有学者专门对美国的后结构主义批评展开论述，如钱佼汝的《美国新派批评家：乔纳森·卡勒和分解主义》(1987)、王逢振的《"耶鲁四人帮"之一：希利斯·米勒》(1987)和王宁的《分解主义批评在美国》(1988)等。钱佼汝和王逢振的文章分别是针对美国后结构主义批评家乔纳森·卡勒(Jonathan Culler，1944—)和希利斯·米勒(Hillis Miller，1928—)的论述，评介了两位文论大师的主要观点，颇有见地。王宁的《分解主义批评在美国》(1988)可以说是这一时期一篇较为全面地论述美国后结构主义批评的文章。在这篇文章中，王宁不仅说明了美国后结构主义文论产生的契机和缘由，还详细点评了美国“耶鲁学派”四位批评家的主要论述，这对我们理解“耶鲁学派”四位批评家的理论观点大有裨益。更难能可贵的是，在文章的最后，王宁还总结了美国后结构主义批评的个性特征，如各取所需、多元取向、形式主义轨迹等。综观整篇文章，王宁对美国后结构主义的评论客观透彻，为以后的美国后结构主义文论研究打下了基础。除了上述对美国后结构主义批评的专门论述外，还有的学者从大处着眼，对整个西方的后结构主义文论展开评介，如张隆溪的《结构的消失——后结构主义的消解式批评》(1983)、王宁的《后结构主义与分解批评》(1987)和陆扬的《解构主义批评简述》(1988)等。在这些文章中，美国后结构主义批评作为整个西方后结构主义文论的一部分，也得到了相应地关注和评介。

进入20世纪90年代，学者们继续从整体上对西方后结构主义文论进行评介，如郑敏的《解构主义与文学批评》(1990)、盛宁的《后结构主义的批评》(1994)、丁尔苏的《解构理论之症结谈》(1994)和苏宏斌的《走向文化批评的解构主义》(1996)等。在这一时期，学者们谈到后结构主义批评时，明显加强了对这一文论弱点的考察，如盛宁先生认为解构主义批评家对解构主义的理论概念解释不清，解构主义思潮具有反人文主义的虚无主义、无政府主义倾向等(盛宁，1994:128)；丁尔苏也在文章中指出，解构理论“只是打破了索绪尔的封闭系统，但却保留了从他的语言整体论派生而来的差异原则。一条空洞的原则在无边无际的文本世界里飘游显然不能帮助我们把握任何确定的意义”(丁尔苏，1994:48)。除了上述的综合研究外，这一时期我们还加强了对美国“耶鲁学派”的关注。沈勇发表了《保尔·德曼的解构主义批评初探》(1990)，解读了保尔·德曼(Paul de Man，1919—1983)的理论体系及其暴露出来的错误和偏颇；《国外文学》刊登了对希利斯·米勒的采访《解构主义者谈解构主义——希利斯·米勒访谈录》(1995)；胡宝平发表了《论哈·布鲁姆“诗学误读”》(1999)，分析了布鲁姆(Harold Bloom，1930—)“诗学误读”理论的核心原则——影响、焦虑、误读和诗史，并指出了这套理论的重大意义。虽然在这一阶段我们对“耶鲁学派”批评家们的理论著述展开了批评，但这一研究还不成气候。大多数文章属于评介性的，在理论深度上需要继续加强，在研究视角上需要不断拓宽。这一时期后结构主义研究的另一个亮点是对解构主义与中国文化、中国文学批评之间关系的探讨。1997 年，曾艳兵发表了《解构主义与中国的“解构”意识》(1997)一文。在文中，作者从逻各斯中心主义的消解与东方直悟性感受、意义的延异与意义的阐释、话语中的自由嬉戏与建构第三世界话语三个方面梳理了解构主义在当代中国传播与接受的原因及其过程，并探讨了中西文化在这一层面的同中之异。张向东的《解构主义与中国当代文学批评》(1997)不仅介绍了解构主义在中国的传播，还探讨了其在中国当代文学批评中的具体操作。学者们对这一问题的解读鞭辟入里，对中西文化在 21 世纪的进一步碰撞和交流，以及中国当代理论的建设都是不无益处的。

进入 21 世纪，国内对美国后结构主义文论的研究呈现出两个显著特点：一是学者们聚焦美国的“耶鲁学派”。从已发表的文章来看，不仅在数量上超过 20 世纪 80 年代和 90 年代，而且文章的广度和深度也有了很大突破。如关于希利斯·米勒的研究，程锡麟发表了《J·希利斯·米勒的解构主义小说批评理论》(2000)，阐释了米勒的重复理论，并指出其与后结构主义的互文性理论极为相似；申丹发表了《解构主义在美国——评 J·希利斯·米勒的“线条意象”》(2001)，从叙事学的角度出发评介了米勒的“线条意象”理论，认为米勒的解构主义叙述理论和传统的结构主义叙述理论实际上是以文本疆界为基础的宏观和微观的观察视角的关系，两者都有其存在的合理性，互为补充，相互之间无法取代；罗杰鹦从中西比较文学的视角出发，探讨了国内的米勒研究，总结出《J·希利斯·米勒在中国——20 世纪 90 年代以来国内米勒研究述评》(2006)；张旭从全球化与数字化的时代大背景出发，探讨了米勒在新的时代语境下对文学的重新定义，发表了《文学转型与反思——试论全球化与数字化时代希利斯·米勒的文学新观念》(2010)……学者们站在不同的立场，对米勒的观点论述及相关问题展开批评，极大地繁荣了国内的米勒研究。不仅是针对米勒，学者们对“耶鲁学派”的其他三位批评家也投入了极大的学术热情，使国内的“耶鲁学派”研究呈现出多元化趋势。这一时期国内后结构主义文论研究的另一个特点是细微探析，辨析解构主义术语和关键词。如张中载在《误读》(2004)一文中解释了“误读”的意义；周颖在《“无边的”语境——解构症结再探》(2007)中阐释了“语境”的概念、在《辨析解构关键词“延异”与“寓言”》

(2007)中又分析了“延异”和“寓言”;郭伟在《虚构、述行、深入孤独的文学——解构批评文学观探微》(2016)中探讨了解构批评家对文学的几种看法等。在这一时期,学者们已经不满足于从大处着眼,在整体上评介后结构主义批评,而是致力于从细处把握,深入到后结构主义的肌理中,辨析那些构筑后结构主义理论大厦的术语基石。从这一点可以看出国内的后结构主义研究正在向纵深发展。

随着时代的发展,国内的美国后结构主义研究取得了长足的进步,但是与此同时,这其中存在的问题也十分明显。在这一研究中,关于美国“耶鲁学派”及其著述的文章占了绝大多数,而对除其之外的美国后结构主义批评家,如巴巴拉·约翰逊(Barbara Johnson, 1947—2009)等及其理论论述展开批评的文章却极少。这是我们在以后的美国后结构主义文论研究中所需要重点关注的。

5 后殖民主义批评

从20世纪90年代开始,国内学术界展开了对后殖民主义批评的研究。王宁的《后殖民主义理论思潮概观》(1995)和《后殖民主义理论批判——兼论中国文化的“非殖民化”》(1997),刘康、金衡山的《后殖民主义批评:从西方到中国》(1998),以及杨金才的《后殖民主义理论的激进与缺失》(1999)等文章要言不烦地评述了后殖民主义理论的主要命题及其局限所在,勾勒出了后殖民主义批评的主要理论框架。其中,王宁的文章《后殖民主义理论批判——兼论中国文化的“非殖民化”》(1997)和刘康、金衡山的文章还就后殖民主义理论与中国文化的关系展开讨论,立意新颖。除此之外,这一时期国内学者对萨义德后殖民理论的基石“东方主义”表现出了极大的研究兴趣。王宁的《“东方主义”与东方视角》(1995)和《“东方主义”反思》(1996),丛郁的《后殖民主义·东方主义·文学批评——关于若干后殖民批评语汇的思考》(1995),以及戴从容的《从〈东方主义〉到〈文化与帝国主义〉——萨义德后殖民主义理论概述》(1996)等文章对萨义德的“东方主义”理论展开剖析,丰富了国内读者对这一概念的认识和理解。

进入21世纪,国内的后殖民主义批评研究呈现出方兴未艾、欣欣向荣的局面。一方面，学者们继续从整体上探讨后殖民主义理论，并在此基础上深入到其内部的具体概念中进行分析，如石海峻的《关于殖民和后殖民模仿》(2002)、王宁的《全球化时代的后殖民理论批评》(2003)、生安锋的《后殖民主义的“流亡诗学”》(2004)、李琳和生安锋的《后殖民主义的文化身份观》(2004)等；另一方面，学者们针对萨义德、斯皮瓦克(Gayatri Spivak，1942—)、霍米·巴巴(Homi Bhabha，1949—)三位主要的后殖民主义批评家及其理论展开评述。学者们在评介这些后殖民主义批评家理论建树的同时，也帮助读者进一步厘清了后殖民主义的理论构架。如王宁的《叙述、文化定位和身份认同——霍米·巴巴的后殖民批评理论》(2002)、赵凡的《萨义德与美国文化批评》(2004)、曹莉的《后殖民批评的政治伦理选择：以斯皮瓦克为例》(2006)等。这一时期国内后殖民主义研究的另一大特色是学者们开始探讨后殖民主义与其他理论思潮的关系，如姜飞、冯宪光的《马克思主义与后殖民主义批评》(2001)和罗钢的《资本逻辑与历史差异——关于后殖民主义与马克思主义的一些思考》(2002)讨论了后殖民主义与马克思主义之间的关系；朱新福、张慧容的《后殖民生态批评述略》(2011)、江玉琴的《论后殖民生态批评研究——生态批评的一种新维度》(2013)和苗福光的《后殖民生态批评：后殖民研究的绿色》(2015)则超越后殖民和生态批评，进行了跨学科研究。这一时期学者们对后殖民主义与中国文化关系问题的讨论也持续升温。在《后殖民文化批评和后现代语境及中国知识分子的身份定位》(2000)一文中，郭军认为中国知识分子应抓住后殖民理论的批判精神并重新将其语境化，进而反思自己的传统文化；王宁在《“全球本土化”语境下的后现代、后殖民与新儒学重建》(2008)一文中提出了“新儒学”的主张，并将其作为全球本土化的后殖民话语；在《后殖民理论与当代中国文化批评》(2011)一文中，章辉认为中国的后殖民批评建设要在吸收后殖民理论精神的基础上，直面本土现实问题。学者们从跨文化的角度出发，多层面地剖析了后殖民主义与中国文化的关系。

6 结语

从美国文学批评在中国的接受和发展情况来看，国内学者对美国文学批评流派的研究大体上经历了这样的一个过程：在 20 世纪 80 年代，学者们以介绍、论述这些批评流派的主要理论、特点和得失等方面为主，大多属于整体上的研究；到了 20 世纪 90 年代，学者们开始深入到它们的肌理中，把重点放在对其中的代表人物、核心概念和定义的探讨上，表现出细微辨析的特点；进入 21 世纪，学者们运用不同的方法、多层面、跨学科地考察美国文学批评理论，使国内的美国文学批评研究呈现出百家争鸣、百花齐放的繁盛局面。从这一发展过程可以看出，国内的美国文学批评研究正在不断地深化和拓展，并取得了令人可喜的成果。但与此同时，我们也发现其中存在一些问题。如我们的研究文章大多倾向于对美国文学批评流派的“叙述”，即介绍，而不是“评论”，即发表自己的见解。这就导致大部分文章千篇一律、流于表面，缺乏鲜明的特色和深层的分析。再者，我们往往只关注其中的一些热点话题和热门的批评家，忽视了很多其他值得探讨的问题和十分重要的学者的学说，结果造成了我们对一些文学批评思潮或者是批评流派的片面认识和理解。因此，在今后的美国文学批评研究中，我们既要不断拓宽研究的广度，做到视野开阔；也要继续加大研究的深度，纵横解读。

参考文献

[1] 丁尔苏.解构理论之症结谈[J].外国文学评论，1994(3).

[2] 乔国强.论韦勒克的文学史观[J].上海大学学报(社会科学版)，2009(3).

[3] 盛宁.美国新左派和新马克思主义的文学批评刍议[J].文艺理论与批评，1993(6).

[4] 盛宁.后结构主义的批评[J].文艺理论与批评，1994(2).

[5] 王锺陵.新批评派诗学理论研究[J].中国社会科学，1998(5).

[6] 杨周翰.新批评派的启示[J].国外文学，1981(1).

[7] 袁可嘉.“新批评派”述评[J].文学评论，1962(2).

[8] 张隆溪.作品本体的崇拜：论英美新批评[J].读书，1983(7).

[9] 赵毅衡.新批评与当代批判理论——写在《重访新批评》之前[C].//赵毅衡.重访新批评.天津：百花文艺出版社，2009.

唐诗与英国浪漫主义诗歌意境的对比研究

——以李白和华兹华斯诗歌为例

上海立信会计金融学院外国语学院　张宝慧

摘　要：浪漫主义文学是中英两国文学流派中的重要组成，诗歌是浪漫主义文学的集大成者。李白的诗歌自由奔放、想象丰富，彰显了个人的情感和抱负，营造了大气磅礴的审美意境；华兹华斯的诗歌清淡质朴、婉约隽永，体现了诗人朴素的自然观。意境是最能展现诗歌内涵的方面，本研究以李白和华兹华斯诗歌中的意境为侧重点，梳理其各自诗歌的特点，进而在不同的文化背景下比照两位诗人诗歌中的异同点。

关键词：唐诗；浪漫主义诗歌；李白；华兹华斯

1　诗歌中的意境

诗歌是诗人的情与景、心与物相互交融而形成的，是一种感性形象，需要感性认识和情绪体验，意境正是为这种情感的抒发烘托出了相应的氛围。王国维在《人间词话》中说过，“境非独景物也，喜怒哀乐亦人心中之境”“词以境界为最”。意境既包含景、物与人，又蕴含情，是作者思想感情和描绘的生活图景融合而成的一种艺术境界。王昌龄在《诗格》中主张意境与物境、情境并举：“诗有三境：一曰物境，欲为山水诗，则张泉石云峰之境极丽艳秀者，神之于心，处身于境，视境于心，莹然常中，然后用思，了然境象，故得形似。二曰情境，娱乐愁怨皆张于意而处于身，然后驰思，深得其情。三曰意境，亦张之于意而思之于心，则得其真矣。”通俗来说，能写真景物、真感情，并能将情与物相交融，则为有境界，有意境。

意境是诗人直觉和理解、情感和思维、意识和无意识相互交融状态下所获得的既能寄托自身情感，又能巧妙使其延展的境界。它只需抓住那些能唤起特定情感的自然特征，便能以一种特定的方式给人以情感上的共鸣，使景物的特点和人的情怀自然结合，从而普遍引起人的喜悦和为之动容的情感。在诗歌中，意与境的交融通常会有三种表现方式：

其一是情随境生：在生活中遇到某种场合或情境，诗人忽有所悟，思绪萦怀，于是借着物境的描写把自己的情思表达出来，达到意与境的交融。《文心雕龙·物色篇》说，“物色之动，心亦摇焉”，即讲由境及意的过程。

其二是移情入境：诗人带着强烈的主观感情接触外界物境，并把自己的感情注入其中，又借着对物境的描写将它抒发出来，客观景物中带有明显的诗人情感。在《待酒不至》中，李白写到“山花向我笑，正好衔杯时”，诗人赋予了山花生命，山花的笑是诗人好心情的写照，这就明显带有诗人的主观渲染，将情移入景，达到意境的交融。

其三是体贴物情：情随境生和移情入境中的情都是诗人之情，而山川草木、日月星辰，它们在形态色调上各具差异，也有不同的性格特点。这固然出自人的想象，但又是长期以来公认的，带有一定的客观性，与诗人临时注入的感情不同。所以，就把它们当成物境本身固有的性格和感情来看待。李白尤其善于将物我融合，构成自己独特的意境。“花间一壶酒，独酌无相亲。举杯邀明月，对影成三人。”李白将月比拟成人，是友人、亲人或爱人，在孤寂时，有月相伴，对饮以排遣孤独之感，也抒发了诗人旷达的心境。诗歌并不追求对客观物境逼真的模仿，而是为求创造和表现具有个性特征的意境。所以，好诗的意境总是个性化的。陶渊明笔下的菊，李白笔下的月，陆游笔下的梅，莫不如此。“闻道梅花坼晓风，雪堆遍满四山中。何方可化身千亿，一树梅花一放翁。”高傲纯洁的梅花正是陆游自身的传神写照。

意境的创造不仅需要情境，更依赖意向去寄托或展现各种情境。诗歌中的意向承载着雅致的情感审美，也被诗人们进行了符号化的创作。草木、月亮、夕阳、冰雪、鸿雁、婵娟、豆蔻、月老、秋水、红豆、比翼鸟等，借助这些意向，才能营造出特定的意境。诗歌中的意境是美学的独特表现形式，它追求的是个性与共性并重、微观与宏观统一、主体与客体交融，是浑然天成、自然和谐的审美境界。

2 李白诗歌解析

李白(公元701—762)是中国文学史上杰出的浪漫主义诗人，素有“诗仙”之名，他的诗歌是唐代诗歌的典范。李白以其非凡的自负和自信，狂傲的独立人格，豪放洒脱的气度和自由创造的浪漫情怀，充分体现了盛唐士人的时代性格和精神风貌。李白的诗歌创作充满了发兴无端的澎湃激情和神奇想象，既有气势浩瀚、变幻莫测的壮观奇景，又有标举风神情韵而自然天成的明丽意境，美不胜收。杜甫称赞他的诗:“笔落惊风雨，诗成泣鬼神。”这种无比神奇的艺术魅力，是他的诗歌最鲜明的特色。他的诗歌不仅具有最强烈的浪漫主义精神，而且创造性地运用了一切浪漫主义手法，使内容和形式高度统一。他的诗歌浪漫、激越、奔放，又有含蓄之美，不仅意象丰富，而且寓意深远。其风格兼顾俊逸清新和雄伟壮阔，再配以常使用的想象、拟人、夸张、比喻等修辞手法，能够刻画出独特的意境。

1) 诗歌内容丰富，思想深刻，反映出诗人的理想和抱负

李白的诗歌题材广泛，有关于自身的政治理想、对百姓的关爱、对朋友的义气、对祖国大好河山的歌颂等等。李白游历了祖国的名山大川，描绘了祖国各地的美丽风光，这类诗歌几乎篇篇似锦，字字如珠，如写黄河的雄伟气势，“君不见黄河之水天上来，奔流到海不复回”(《将进酒》);写庐山瀑布的壮美，“飞流直下三千尺，疑是银河落九天”(《望庐山瀑布》);写天门山的瑰丽，“两岸青山相对出，孤帆一片日边来”(《望天门山》)。在游历途中，李白结交了很多好友，也因此写了很多赠友人的诗，“人生贵相知，何必金与钱”(《赠友人三首》)表达了他对待朋友的理念;“桃花潭水深千尺，不及汪伦送我情”(《赠汪伦》)”表达了友人之间深厚真挚的情谊。李白一生渴望施展心中抱负，建功立业，“大鹏一日同风起，扶摇直上九万里”(《上李邕》)表达了诗人远大的理想;“君不见朝歌屠叟辞棘津，八十西来钓渭滨。宁羞白发照清水，逢时吐气思经纶。广张三千六百钩，风期暗与文王亲”(《梁甫吟》)，此诗通过对姜子牙的赞

颂表达了积极的参政态度。李白诗集中有很多事表现政治抱负的诗篇，无不气势磅礴、热情奔放。李白十分关心百姓疾苦，“一唱督护歌，心摧泪如雨”(《丁督护歌》)表达了诗人对劳动人民苦难生活的同情。他一生政治上很不顺心，长期到处漫游，有机会接触普通百姓，并且结交了许多朋友，对他们的思想和生活了解很深，他用诗歌表达对劳动人民苦难生活的同情，也流露出诗人深深的情感。

2）浪漫主义色彩浓厚的意境

在创作过程中，诗人的感情往往如喷涌而出的洪流，其间裹挟着强大的力量。因此，在诗体的选择上，他较少运用多有限制的律诗，而偏爱便于纵横驰骋、随意抒写的以乐府歌行体为主的古诗，尤其是七言歌行。例如，《蜀道难》大量运用长短不齐的杂言，劈头就用了独特的句式：“噫吁，危乎高哉，蜀道之难难于上青天！”接下去忽而五言，忽而七言，时而短至三四字，时而又长至十几字，如：“其险也如此，嗟尔远道之人胡为乎来哉！剑阁峥嵘而崔嵬，一夫当关，万夫莫开。所守或匪亲，化为狼与豺。”在句式的屈伸变化中把诗人的激情一步步推向高潮。李白性格豪放，他不愿使诗歌受到形式上的束缚，这就形成了他诗篇中的自然单纯风格。其诗歌语言清新明快、明丽爽朗。他那些脱口而出、不加修饰的诗，常呈现出透明纯净而又绚丽夺目的光彩，也反映出诗人不肯苟同于世俗的高洁人格。

李白的想象力十分丰富，在他笔下，人间的事物、天上的星辰、神话传说、历史珍闻、自然景观、梦中幻境……无不成为他驰骋想象的媒介。他的构思奇绝，善于运用比喻和夸张的手法创造新奇鲜明的艺术形象，这使得他的诗作韵味深厚。如《望庐山瀑布》：“日照香炉生紫烟，遥看瀑布挂前川。飞流直下三千尺，疑是银河落九天。”诗人运用夸张的笔墨“三千尺”状写瀑布之长，借助想象“银河落九天”描绘瀑布凌空而下的气势，把庐山瀑布的壮美雄奇景象有声有色地展现出来，使人在惊异赞叹之时得到美感享受。《北风行》描写幽燕地区的苦寒也是发挥想象力的杰作，是诗人运用比喻夸张艺术手法的典范。一句“燕山雪花大如席”道尽了北风怒吼、大雪纷飞的北国严冬奇寒状况。“白发三千长，缘愁似个长。不知明镜里，何处得秋霜。”这是组诗《秋浦歌》中的一首，李白为国家政局担忧发愁，更忧心于百姓疾苦。此诗开头就以惊人的笔墨把白发之长、愁思之深烘托出来，接着，诗人说出他不知道明镜里的秋霜就是自己头上的白发，委婉地反映出一个愁肠百结的人已经到了难以自解的地步，意蕴深长。李白的想象并非一般诗人那般生硬，而是会创造出梦幻般的情境，诗歌成了他脑海中幻境再现的形式，读之感觉缥缈又似入仙境。《梦游天姥吟留别》是典型的幻境般诗歌，诗人运用丰富奇特的想象和大胆夸张的手法，组成一幅亦虚亦实、亦幻亦真的梦游图，构思精密、意境雄伟。除了夸张和想象，直白表达也是李白诗风的重要因素。其诗歌字句无过分雕琢，朴素却真挚动人；诗人豪气奔放，感情激荡，情绪悲愤而作狂放，语言豪迈而又沉着，读之身临其境。

3 华兹华斯诗歌解析

威廉·华兹华斯(William Wordsworth，1770—1850)，英国浪漫主义运动中的伟大诗人，获得了“英国桂冠诗人”称号。他的《抒情歌谣集》开一代诗风，成为英国文学史上最伟大的篇章之一。华兹华斯以表现自然的美丽与神奇、探索人与自然的关系而闻名于世，诗风清淡朴素、含义隽永，在描写自然风光、平民事物之中寓有深意，寄托着自我反思和人生探索的哲理思维。华兹华斯以饱蘸感情的诗笔讴歌大自然，咏赞自然界的光景声色对人类心灵的影响，被雪莱誉为“讴歌自然的诗人”，有一颗静观和吸收的心灵。

华兹华斯出生于英国湖区，这里的湖光山色美轮美奂，陶冶了诗人热爱自然的性情，也孕育了诗人的无限诗情。华兹华斯天生想象力超凡，在大自然中经常产生幻觉。生活经历和性格特点使华兹华斯在诗歌创作中另辟蹊径，创造了全新的诗风。在他的诗歌中有朴素的自然情怀，有情景交融的审美情韵，也有充满想象的故事叙述。

1）自然情节

华兹华斯所处的时代正直启蒙运动盛行期，他受启蒙运动尤其是卢梭的“回归自然”理念的影响非常大，包括回归大自然及回归人的自然本性。在回到自然中的自然状态下，人的纯真质朴的自然本性才能显示出来。这也促使了华兹华斯诗歌中自然情结的形成。华兹华斯在风景秀丽的湖区度过了他一生中最美好的童年时代，感受到了大自然草木山石非同寻常的感染力。他在《不朽颂》中写到“曾有个时候牧草地、树丛和小溪/这世界和每一种普通景物/在我的眼睛里/似乎都有神圣的光辉射出/显得壮观瑰丽和梦样的新奇”。这种自然氛围对他成年后的自然观产生很大影响。

法国大革命的结局令华兹华斯大为失望，在资本主义高度发展的时期，科技的发展成了一种巨大的异己力量与人产生了对抗性，人类与自然那种原始而又和谐的关系已不复存在。工业文明对人的异化、对农村生活造成的灾难性破坏让华兹华斯痛心疾首。他的思想日益消沉，开始由社会转向自然，“这些美景象/虽然长久的分别对我却并非/像一片风景之于盲人的眼睛/在我蛰居喧闹的都市感到/孤寂无聊时正是这些美景呵/常常给我带来愉悦的心境/它流淌在血液里跳跃在心头”，在《丁登寺》中，诗人已经表现出了对工业社会的厌倦以及回归自然的愿望，他逐渐认识到心灵唯一可以寄托的归宿来自给他提供无限想象力、创造力和快乐的自然。

华兹华斯热爱自然，自然之景都可以入诗，并用真挚的语言赞美歌颂它们。他的诗如田园画卷，清新自然，伴以独特的想象和变换的画面，形成了独特的审美意境。在《我独自游荡，像一朵孤云》中，诗人写道：“我独自徘徊，像一片孤云，在山峦峡谷之上高高飘拂，猛然间，眼前一片金灿灿的水仙，开在湖畔，开在树下，在微风中摇曳，舞姿轻盈。”诗人对景物的描写由远及近、由高至低，情感也由欣赏自然到沉醉于自然之中，像一片孤云融入了自然，达到物我两忘的境界，营造出了清新淡雅的氛围。在《致云雀》中，华兹华斯又有这样的描写：“地平线下的太阳，放射出金色的电光，晴空里霞蔚云蒸，你沐浴着明光飞行。”他的语言朴实而灵动，但又不是简单的白描，其中融入了一定的修辞手法，但又无过度渲染，而是恰到好处地把一幅自然画卷展现在读者面前，华兹华斯诗歌中的意境是最贴近自然本真状态的。

2）审美情韵

诗歌就是情感，这是华兹华斯诗学思想的核心命题，也是他对诗歌本体的最基本回答。他说过：“一切好诗都是强烈情感的自然流露。”情感是诗歌的本质，这种情感对人的心灵产生不能消灭的力量，这种力量赋予了情感强烈的色彩，它充满诗人的内心，奔涌而出，正如拜伦所说：“诗歌是想象的岩浆，喷射出来可以避免地震。”另外,华兹华斯认为情感是内在的、天生的。因为诗人极易动情,与生俱来就具有强烈的感情。华兹华斯说:“(诗人)比一般人具有更锐敏的感受性,具有更多的热忱和温情,他更了解人的本性……他喜欢自己的热情和意志,内在的活力使他比别人快乐得多。”

“有韵则生,无韵则死。有韵则雅,无韵则俗。”这其中的韵主要是指情韵,也就是说,情感对于诗歌创作的作用是巨大的。在景物描绘中融入自身情感,创造出独特的意境,以达到情景交融,华兹华斯的诗歌中饱含深情,意境深远而悠扬。“感人心者,莫先乎情。”诗歌的创作源于感情,诗人是创作的主体,同时也是审美的主体,而诗歌的美不仅存在于大自然中,也存在于在此生活的人们之中,歌颂平凡人的生活,既展现出诗人对自然的喜爱,更展现出对人的赞美和歌颂。在《咏水仙》《致雏菊》《太阳早已下山》等诗歌中处处流露出对自然的崇敬之感。他可以平等地与自然交流、聆听她的教诲、接受她的滋养,更可以在人生失意时从自然那里找到安慰。华兹华斯写了很多歌颂劳动者的诗歌,在《她是个快乐的精灵》中,诗人描写了一位少女超凡脱俗的美,并流露出对她的迷恋和赞誉,此外还写到,“她是一个普通人,食人间烟火”,这样塑造了一位美丽质朴的少女,清新脱俗,又真实可人。这种美来源于生活,真切而令人愉悦,无需过多的言辞渲染,尽在意境之中。华兹华斯描绘自然、思考自然、融情于自然,用自然之景物及不同意向传达情义,烘托出无限的审美情趣。

3) 情感再体验

华兹华斯说过,“诗是强烈感情的自然流露,它起源于在平静中回忆起来的情感。”强烈的情感通过诗歌的形式加以宣泄,读者在欣赏时受到感染,从而达到其精神境界的升华。华兹华斯的《咏水仙》就是他在湖边看到大片水仙花时引发的情感再次体验。在《致杜鹃》中,我们看到了充满阳光和鲜花的山谷,诗人躺在草地上静听杜鹃的啼叫,随着诗人记忆的回溯,我们又看到诗人幼时穿过树林和草场,顺着鸟声去寻觅杜鹃。绿色的树林,夹杂着五颜六色的鲜花的广阔草地,还有躺在草地上静听隐隐杜鹃声的诗人,营造了一种宁静悠远的情景。在记忆回溯时,诗人产生了对过往记忆的再次体验,从而引发了情感的再次升华。这首诗也使人联想到华兹华斯在政治上的追求。那鸟儿“是一种爱、一种希望,被追求,却杳无形迹”,最后只有在“幻想的仙境”中安身,以此暗示他政治理想幻灭的事实。被法国革命深深打动的华兹华斯两次赴法，像找寻杜鹃一样循着那隐约的乐音去探索自由平等的崭新境界，然而革命的结果告诉他：那种诗意的理想就像杜鹃一样，只能用心灵来感受，却不能变成现实。

华兹华斯在诗歌中营造出了美妙的自然意境，但这不是单层意境，而是双层或多层意境的叠加融合。第一层意境是诗人对现实中自然景物描写所展现出的最直接的意境；第二层意境是诗人由现实联想到过往记忆时产生的回忆中的意境，在回忆中诗人会再次身临其境的体会记忆中的场景，将二度体验后的情境描绘出，进而营造了一种在回忆中的情感再体验的意境；有时诗中还会有第三层意境，那会是对现在处境或是未来抱负的一种联想，或是充满希望，或是心灰意冷，这层意境已经从自然转到了自身，基调或明或暗，与作者自身的情感关联更为密切。华兹华斯在诗歌与世界关系中用情感作为表现的中心，从而扩展、深化了诗歌与世界的关系。因此，这种统一体现了华兹华斯的诗歌是诗人的精神世界与自然景色和社会情景相互交融的结果。

4 李白与华兹华斯诗歌意境之比较

李白与华兹华斯两人相隔一千多年，他们处于不同的国家、不同的时代和不同的文化背景，他们的诗歌既表现出审美之心的相通性，也表现出文化传统、个人思想和意境创造的差异性。

4.1 诗歌内容比较

李白与华兹华斯都热爱大自然，都擅长描写自然之景，他们的诗歌都表现出了重返自然的渴望。这种渴望也部分源于现实的不如意，个人理想无法实现、空有施展抱负之心，却受到各种阻碍。两人在实现理想上还有一些不同，华兹华斯更渴望借助革命实现社会变革，而李白更希望通过自己的力量，如侠士一般，建功立业，功成之后，再隐退江湖。而华兹华斯则多借自然抒情，刻画出或忧或喜的意境，他的诗歌意境相对温和平静，如在《水仙花》中他这样写道："我孤独的漫游，像一朵云/在山丘和谷地上飘荡/忽然间当我看到一大片鲜花/是金色的水仙遍地开放/绿荫树下，翠湖岸边/随风起舞，随风飘荡。"诗人将自己喻为一朵孤独的流云，孤单地在天空飘荡。孤傲的诗人发现一大片金色的水仙，它们欢快地遍地开放。在诗人心中，水仙是一种象征，代表了一种精神，是自然心灵的美妙表现。但是，欢快的水仙并不能时时伴在诗人身边，诗人离开了水仙，心中不时冒出忧郁孤寂的情绪。这时诗人写出了一种对社会、世界的感受：那高傲、纯洁的灵魂在现实的世界只能郁郁寡欢。但是，诗人的脑海深处会不时浮现水仙那美妙的景象，这又使诗人情绪振奋，欢欣鼓舞。华兹华斯擅长运用朴实的语言营造一幅纯自然的画面，诗人的情感也随之涌出，但是依然平稳，整首诗歌营造的意境清新自然。诗中充满着对大自然的敬畏，对宇宙间所有生灵的尊重，华兹华斯认为大自然有为心灵疗伤的功能，能够治愈灵魂创伤。

李白一向奉行“世有道则现，世无道则隐”“穷则独善其身，达则兼济天下”的人生信条。仕途遇到险恶，便归隐山水田园。怀才不遇的李白在入世与归隐、功名与自由的交锋中，蔑视权贵，挑战世俗，因此他诗歌中的意境总是大气磅礴。李白有着强烈的“入世”思想，但又不愿为世俗所羁缚，这些“愤世”“傲世”“忧世”“游世”的思想时时困扰着他。李白的不少诗里虽然表现出人生如梦、及时行乐的思想，但他的内心是渴望顺其自然、融入自然的，对人生自由有种深深的眷恋。李白漫游山水，信仰神仙，最终是想要达到一种不受约束、逍遥自在的人生境界。在《望庐山瀑布》中，诗人将意向与意向，画面与画面紧密相连，以奇特的想象营造出一种超然物外、不受任何约束的自由精神境界。从“日照香炉生紫烟”到“遥看瀑布挂前川”，每一句都是一个不同的画面，直到“飞流直下三千尺”，出现了声音。这种类似电影蒙太奇的艺术手法，以画显象、以画现境，会使读者的眼前浮现出一幅庐山瀑布雄奇壮丽的景色，令人无比神往。此诗中，“画”成为具有典型意义的显“象”现“境”，以此实现“景”的描写，意境交融、情景相生，刻画出了类似于电影画面的意境。

李白与华兹华斯都善于从劳动人民的生活中撷取创作素材，以丰富的想象和酣畅的笔墨描写自然美景及普通人的命运，用朴实无华的文字渲染出浓郁的抒情气氛，倾吐自己的感伤，从他们的诗歌中我们可以感受到对劳动人民的同情与敬重。如华兹华斯的《坚毅与独立》，诗歌描写了靠捕捉水蛭为生的老人，在最困难的情况下仍有着坚强的意志和乐观的情绪。在《丁督护歌》中，李白描绘了一幅河工拉纤图：“云阳上征去，两岸饶商贾。吴牛喘月时，拖船一何苦。水浊不可饮，壶浆半成土。一唱都护歌，心摧泪如雨。万人凿盘石，无由达江浒。君看石芒砀，掩泪悲千古。”透过诗句读者仿佛看见了当时两岸冶游的富商、豪门子弟、瘦骨伶仃的船工；仿佛听到了河工的劳动号子、伤心的歌声、催人泪下的呻吟；也仿佛听到了正站在行舟上的诗人发出肺腑的悲叹。全诗笼罩着浓厚的哀伤氛围和悲凉色调。其语调是沉郁的，与李白平常明快、洒脱的诗句不同。李白与华兹华斯都把普通百姓的生活作为诗歌主题，歌颂他们淳朴的民风，关心他们的疾苦，情深意切。

4.2 艺术特色比较

李白的诗歌创作多运用奔放独特的手法。他笔下的美属于动态美，他娴熟地运用夸张手法，不论是夸大的描写还是夸小的叙述，将事物的境界美描述得恰到好处。而华兹华斯冲破了新古典主义诗歌传统形式的束缚，采用散文式语言抒发情感。华兹华斯的诗歌“意志诚恳、感情丰富、思想深沉、笔法简洁”。他的诗选取别具匠心的单词，赋予其极强的音乐效果，有效地突出了诗的意蕴和内涵，抒发了诗人丰富的情感，使诗的整体旋律更为和谐统一。华兹华斯喜欢挑选一些古语和方言，这一点与李白的一些诗歌有相似之处，李白也喜欢在创作中引用古语或典故。如在《行路难》中，多处引用“长风破浪会有时，直挂云帆济沧海”出自《宋书・宗悫传》中的典故；“行路难，归去来”出自陶渊明的《归去来辞》，寓指隐居。

华兹华斯所追求朴素简洁的诗歌语言，他认为这种语言可以保持“固有的激情”，表达“朴素的情感”。华兹华斯将自然作为释放激情的地方，利用诗讲述经历，表达对生活的感受，传达思想情感。华兹华斯挣脱惯性思考的束缚，用大胆的批判眼光进行诗歌创作。相比之下，李白习惯使用豪放的语言描绘山川河流，使人们感觉心潮澎湃。李白擅长运用夸张的修辞手法将静态的事物描绘得栩栩如生，如在《蜀道难》中，开篇就指出“蜀道难，难于上青天”，用夸张的修辞手法表现了蜀道之险峻。因此，李白的诗歌中宏大的场景居多，读起来如滔滔江水，汹涌澎湃，意境壮美。华兹华斯倾向于用朴素的描写手法刻画美景，清新淡雅，意境柔美悠扬。如果李白的诗歌是宏伟山川，那么华兹华斯的诗歌则是涓涓细流，李诗使人激荡，华诗使人平静。李白在诗歌中的想象也是变幻莫测的，他的想象有种异乎寻常的衔接，随着思维的流动而跳跃变化。如《梦游天姥吟留别》，借助梦境描写天鸡高唱、海日升空、熊咆龙吟等超现实意向，渲染了仙界的美好，也反衬出现实社会的黑暗。华兹华斯认为想象力有着创造和赋予的能力，他"给平凡的事物加上想象的色彩"，于平凡中显神奇。不论是林中的小鸟、山间的树木，田里的村姑还是路边的流浪汉，都能凭借诗人丰富的想象产生奇特的效果。华兹华斯以其丰富的想象力把人与神性相融，形成带有神性的空间。诗歌的意境也因此更为朦胧，烘托出神性世界的缥缈。

李白独特的艺术个性与非凡的气魄和生命激情，在他的诗歌中展露无遗。他侧重于表现豪迈的气概和激昂的情怀，而较少对客观事物和具体事件做细致入微的描写。在这点上与华兹华斯不同，华兹华斯常对自然景物做细致描写。如《致雏菊》中，作者写道："鲜艳的花呀，你到处为家，/大自然的慈母般的关怀下，/你勇敢大胆，一年到头呀，/不管它欢乐或忧愁……"在此我们可以看出，诗人认为正是在大自然"慈母般"的关怀下，花儿才无忧无虑，大自然不仅给花儿以力量，也给人力量。这种描绘如慈母的关怀，细致而温暖。李白的诗歌创造了一大批目不暇接的高大俊伟形象，如他笔下的黄河崇高伟达："黄河之水天上来，奔流到海不复回""黄河西来决昆仑，咆哮万里触龙门""黄河落天走东海，万里写入胸怀间"，一幅幅气势磅礴的黄河画卷跃然纸上。李白笔下的庐山："飞流直下三千尺，疑是银河落九天"，笔下的蜀道："上有六龙回日之高标，下有冲波逆折之回川"，笔下的长江："天门中断楚江开，碧水东流至此回"，将祖国的大好河山塑造成高大雄伟的形象，一幅幅延绵不断的画卷给世人留下了深刻印象，也展现了诗人的民族精神。

5 结语

李白和华兹华斯是浪漫主义诗歌的代表人物。李白追求理想、追求自由、热爱祖国、蔑视权贵、鄙视世俗，在诗歌中表现出独有的叛逆精神。他还以自己天才的创造力，形成飘逸、豪放的艺术风格，丰富了浪漫主义表现手法。李白的诗歌，"往往风雨争飞，鱼龙百变，又如大江无风，破浪自涌，白云从空，随风变灭。"极大增强了诗歌意境的感染力。华兹华斯的诗歌展现出清新的感触和雄健的想象。他的不朽诗章以清丽的意象体现崇高的理念；以丰富的想象力赋予不寻常的唯美色彩；以清新之调构成深邃动人的意境。华兹华斯诗歌对美好瞬间的捕捉，对永恒片刻的驻留营造了和谐又纯净的世界。李白和华兹华斯是跨时空、跨地域、跨文化的诗人，他们在诗歌内容和艺术表现形式上各有特点又有相通之处，营造出的诗歌意境彰显了诗人独有的情怀和思想，又同时具有浓烈的浪漫主义韵味。两位诗人正是以他们独树一帜的浪漫主义诗风，在各自的国度里开创了浪漫主义诗歌的新天地。

参考文献

[1] 毕小君.英美文学概论[M].北京:知识产权出版社,2009.
[2] 华兹华斯.华兹华斯抒情诗选[M].上海:上海译文出版社,2012.
[3] 刘国善.历代诗词曲英译赏析[M].北京:外文出版社,2009.
[4] 李玲.华兹华斯诗歌的主题研究[M].北京:科学出版社,2016.
[5] 叶维链.中国诗学[M].北京:三联书店,2010.
[6] 俞陛云.诗境浅说[M].北京:北京出版社,2005.
[7] 索金梅.英国文学史[M].天津:南开大学出版社,2011.
[8] 王佐良.英国浪漫主义诗歌史[M].北京:三联书店,2018.
[9] 周勋初.李白[M].南京:南京大学出版社,2010.
[10] 赵光旭.华兹华斯"化身"诗学研究[M].上海:上海大学出版社,2010.
[11] WORDSWORTH W. Lyrical Ballads: Wordsworth and Coleridge[M]. New York: Routledge, 2005.

浅析《捡橡果的孩子》中社会习俗与个人悲剧

上海立信会计金融学院外国语学院　余申琛

摘　要：维多利亚时期的英国在繁华的表象下各种社会矛盾日趋尖锐，同时，科学发达、宗教僵化以及公共教育的缺失导致人们在物质财富分配不均之外，精神生活更是被肢解得日益破碎。理查德·杰弗里斯身处这个时代的中后期，他的生活背景深深浸淫在他的文学作品中。本文以杰弗里斯的短篇小说《捡橡果的孩子》为例，通过文本分析、社会背景和宗教僵化，结合作者本人的自然观，来理解作品中的人物悲剧。

关键词：宗教；社会；自然观；捡橡果的孩子

1　故事背景

维多利亚时代前接乔治时代，后起爱德华时代，那时的英国被称为“日不落帝国”。作为英国历史上最辉煌的经济文化时期，在达到英国工业革命的顶点的同时，暗波汹涌。它的时限基本确定为1837年到1901年，“自然派”作家理查德·杰弗里斯(1848—1886)用他的生命和羽毛笔，书写了维多利亚中后期在经济、政治、科学发明的全面繁荣兴旺背后的城市与乡野愈加两极分化下，被边缘化的农村的真实图景。短篇小说《捡橡果的孩子》写于19世纪80年代，收录于1884年出版的《田野的生活》一书中。故事设置地点为偏僻的乡村，背负着罪恶出生的十多岁的孙儿和为了“尽心尽职”而被迫担负抚养责任的老祖母。故事的发展在老人的日日责罚、夜夜祈祷以及孩子日复一日“无药可救地作恶”中度过，故事的结尾以孩子的死亡而画上休止符。在那个乡村，

“没有人哀恸孩子的早逝，没有人再想起他”，即便被提起过，也是“一辈子被拿来做儆诫”“一切到此为止”。

本文拟从小说人物和情节入手，结合维多利亚时代社会积习、僵化的宗教信仰和理查德独具新意的“自然”信仰来分析维多利亚时代中晚期乡野人民的悲剧生活。

2 维多利亚时代的社会矛盾冲突

终其一生，理查德的小说、散文离不开乡村，代表小说有《少年贝维斯的故事》《露水清新的早晨》《伦敦之后》等，散文集《田野的生活》《田野和树篱》《露天》等。作为散文中尽显理查德艺术追求的《捡橡果的孩子》在行文、人物塑造和主题、基调上都蕴含了丰富的底蕴。他的故事一如同时代的哈代，以美丽的田园风光开篇，在宁静美丽的自然的烘托下才显得个人命运的多舛和不可逆转的悲剧宿命。

故事的开始，吸引读者注意的是纯然的颜色的堆砌，羽毛黑色的乌鸦、黄色的橡叶、灿灿阳光、芳草青地，生命的跃动充斥纸面，乌鸦在找寻累累的果实，跳跃、“呱呱”地扯开嗓门“大吹大擂”，在这开满山花的草地旁，孩子在橡树下打盹。作者抓住的是在“动静交接的刹那，这即是永恒”。对于自然风物描写的不遗余力，理查德的文笔优美本是他的艺术风格，无可厚非但也体现出相对城市的高度开发，维多利亚时代中后期的乡间仍保留着牧歌短笛般诗意存在的自然景观，这里的人民在如此相对滞后的文化背景下对于宗教、礼仪旧习的恪守也会相对的严谨。这一点在外祖母的衣着、神情乃至日常的言行中尽显分明。她的“腰背挺直，一身整洁，面色严峻，坚毅的嘴唇”，目不斜视，那张面孔带着严厉，“穿着这身布衣衫舍身殉教”，对于这个背负着罪恶出身的孩子的照拂显示出虽然“家境不好，但照料还挺仔细”的评语。在作品的字里行间，理查德花了颇多的笔墨来记述这对祖孙之间似乎不可调和的矛盾。祖母自认“尽心尽职”地照顾被生父抛弃的孙儿，并尽其所能地用榜样、规诫和棍棒来试图教化这个“不可救药”的坏蛋。在这篇以近似白描的采取全知全能叙述的短篇中，作者唯一的介入也清晰地表明了老祖母对于这不可逃避、委于旁人的责任确实做到了“名副其实”。

从老祖母逼迫孩子每周日必须坐在窗前"看"《圣经》，好让过往的人都看见，以及她自己每周两次积极投身祷告会的狂热激情，我们自然可以从心理分析或者宗教对于人性天然的禁锢出发为老人如此不任性对待孩子找到原因。但是从维多利亚时代的社会发展客观来看，男孩子不识字，未必如有些分析认为是老人的刻意为之。老人是那个宗教小团体的主要成员，每次都要"大声做祈祷"，孩子"不识字"但可能老人自己也不识字。虽然身处大英帝国史上最辉煌的时代，整个国家的国内经济实力和国际形象齐头并进，这场工业革命带来的财富的分配不均是意料之中的，它的不平衡分配在精神财富方面更是壁垒分明。工业革命造成了民众物质生活和精神生活水平的降低，根本谈不上有改进教育的状况以提高民众文化水平的可能。这种悲观的观点源于哈蒙德夫妇于 1925 年发表的著作《近代工业的兴起》。他们说，在工业革命期间新兴的工业城镇里，"一切娱乐活动都遭到谴责，因为成功的生产需要劳动者长时间的劳动和刻板而枯燥的生活，不能让他们头脑去思想或记忆，也不能瞻前顾后。在统治阶级看来，使用了新生产方法的专业化工业决不能为服务于它的那些人哪怕是节省出一个小时的时间。因此，在这样的制度下，根本就没有教育的地位。……到了 1833 年以后，教育才得到政府的拨款"(Hammonds B, 1925: 23)。虽然在 19 世纪英国文坛一片繁花似锦，除去那些文学大师中的男性们，英国女性小说也开始崭露头角，但是这些女性文学的先驱无一例外不是家学渊源或者出身高贵，而她们接收教育也没有几个是通过正统的教学。早在 17 世纪，英国的公共教育已然有了很大的发展，但对女性却几乎是关闭的。据统计，1600 年伦敦女性文盲人数的比例是 90%，到 1640 年才降到了 80%。欧洲大陆上文化水平最高的法国在 1786—1790 年的结婚签名率男子为 47%，女子为 27%(Frazer, 1845:16)。西班牙和俄国到 19 世纪末才达到英国 18 世纪末的水平(Frazer, 1845:16)。19 世纪下半叶，欧洲各工业国家进入了第二次科技革命的时代。这场科技革命从根本上改变了科学理论与技术发展之间的关系，同时也改变了科学技术的进步与经济增长之间的关系。"英国在 19 世纪取得工业领先地位是依靠它有利的自然资源以及有足够能力使用这个优势的劳动力。19 世纪下半叶，英国的衰退却是因为它缺乏足够的人力资源以投入技术不断进步的生产周期中去。而这个投入恰恰是第二次科技革命的主要特征"(Graff, 1987:193)。维多利亚时代公共教育方面的发展起步很晚，

“儿童”在整个19世纪几乎就被“童工”这个词汇取代，而由于工业革命导致农业社会向工业社会转变后，农村衰落，乡村结构发生变化后，完全依赖土地生存的农民，包括妇女和儿童，更是穷困不堪，每况愈下。以人文的情怀指责老祖母罔顾儿童的天性固然不错，但是当时的社会环境首先从外在强行剥夺了下层人民受教育、自我教化的机会，这也是导致从农村走出的主人公最终走向悲剧的一大原因。

在这篇田园牧歌般的短篇小说中，除了祖孙之间的不可调和，还有几个小细节也显得很突兀。故事里几次提到了与金钱或者工业发达相关的表达，如果有好心人怜悯孩子的不幸，也许会在他的小手里塞进“三便士”；当孩子如旋风般逃避祖母的烧火棍时将那袋“足足可卖一先令”的橡果丢了。孩子的生父不愿意照顾孩子，因为抚养小孩“每星期得损失好几先令啤酒钱”。当孩子失踪后，没有人去找他的踪迹，他必经的那条小道“穿过一条铁轨，一条运河”，这恰恰是英国在19世纪崛起的两大工业技术科技——铁路和航运，这样孩子就可以走出蒙昧封闭的乡村，走向文明了吗？最终的答案令人扼腕。而先后有几个人曾经或者知道在水中的是什么，一个是商人，一个是船员。他们在此出现，在偏僻的农村出现，“乡野的呼唤”迎来了城市的全面包围，但是这些成人也如同那些村民对此不关心，因为“不想惹麻烦”“只会弄脏甲板”。

孙儿可能至死都不明白他为什么会受到如此不公的待遇，僵化的维多利亚时代的宗教观念和乡村闭塞的环境的确是难辞其咎。一方面儿童的形象天真纯洁，另一方面处在不可避免的原罪的阴影之下，这对似乎不可调和的存在却真实地存在于当时成人的心目中。儿童是社会发展的力量，只有相信儿童的纯洁完美并对其进行相应的扶植和引导的社会才能更有活力地发展延续。这种纯洁完美的童年的概念在西方文化中早已有之，可以追溯到古希腊时代关于人的完美性的观念。而基督教文明是这一西方文明的另一源头，我们也可以找到不少对儿童天性纯洁的赞美的描述，儿童的纯洁美好被比作羔羊。儿童的这种无垢的、纯洁的观念在历史发展进程中被不断地加强。

3 十九世纪宗教思想中的原罪论

在维多利亚时代的英国，一个难以回避的问题就是人的原罪。这个观点单一但是力量巨大。从基督教的正统观念来看，人生来就带有祖先亚当和夏娃偷食禁果被赶出伊甸园的原罪，每个人都带着罪恶降生，那么即使是孩童的灵魂也不是纯洁无垢的，那些刚刚出生即死去的婴儿，因为与生俱来的原罪依然是罪人。而故事中的孙儿，是老人女儿未婚所生，他的母亲“据说是活活饿死的”，孩子的生父是个酒鬼。原本应当担负责任的成人的缺席，导致这个孩子在无依无靠之外也不可避免成为“众矢之的”。

多年前，马基维利极具个人特色的政治观点现在看来倒是有几分预见性，他的理论对揭示当时(维多利亚时期)的海外殖民扩张和革命之辩颇有见地。当然，马基维利归结于财富之于社会阶层的人们被外力不可抗地进行分化，并且在变化无常的事态变迁中随波逐流，“人们对自己的未来已失去了掌握，可能只能诉诸命运的安排”。人的原罪既然不由人犯，自然也不得由人来赎罪。

虽然不断有思想家、艺术家、文学家表示对儿童纯洁的崇拜，儿童与自然的关联也不断被强调和赞美。教会和统治阶级出于利益还是不断地借用对传播媒介的垄断施加影响，主流观念中的儿童依然被认为是罪恶的，他们需要被严格控制、以严厉教育，以避免这种罪恶祸及他们自己乃至其他人的生命。无疑，因为小男孩的母亲的过早离世使得我们无法更多地获知她是否也曾因为失德而内心痛苦或者诚信地忏悔，但是孩子必须被严加管教，“一辈子被拿来做儆诫”。

帝国的国威与社会的进步，孰重孰轻，这始终是个困扰西方政治家和思想家的问题，如马基维利和爱德华·吉本都曾不遗余力地书写他们的“理想国”，大国雄风又不失人文情怀，而这个问题同样横在维多利亚时期的“日不落帝国”面前。吉本坚定地站在社会进步这一边，在他的《罗马帝国衰亡史》第四卷中，他曾经非常明确地表示“没有人，除非面对自然的变化，会陷入他们原始的蛮荒”，而伴随着发展，“我们可能会默许赏心悦目的结论，即世界的每一个年龄增加，仍然增加了真正的财富、幸福、知识，也许是美德，人类”。两位作者都不同程度地指出，帝国的衰落恰恰是因为在帝国扩张的过程中依赖雇佣兵，相信金钱的万能力量，但是这些军事力量到头来将进攻的矛头指向了他们服务的帝国。工业革命让英国迎来史上最辉煌的世纪，但是金钱交易、科技革命让帝国的版图在不断扩张和外延的同时，中央集权的力量被牵扯，因此日渐式微也是必然。统治阶级力量的削弱使得它更不可能顾及到底层人民的物质和精神的分配，照拂到底层人民的宗教信仰需求。这种两极分化体现在19世纪上流社会，马修·阿诺德如此评论这个时代风行于上层、贵族中的“野蛮”，这是“从部落先民那里传承下来，酷爱野外运动，勇敢，斗志昂扬且自信”，但缺乏“内在的美德”，尤其是缺少智育。上层社会耽于享乐、不敏于思考的特质在之后的弗吉尼亚·伍尔芙的作品《奥兰多》中有非常详尽的描述。即便是在一个全面推动向前发展的时代，不同阶层、种族、年龄、性别的人群的发展也不一定是同步的。怎样的人才能在这样的社会中幸免于难，昂首阔步前进？人类学家泰勒曾经如此给“幸存者”下定义：“农民……是那些对于外在环境反应更慢，在人类进步的阶梯上行进更慢的人。”乡村的确是相对封闭的小天地，地处偏僻、文化滞后，但是这样的空间也可能更好地保护“弱者”，因为它们的落后、封闭仍保留时代流传下来的“野蛮”气质，自然力量充斥其中。故事里的小男孩在一片田园风光般安逸的林间休憩，躺在象征生命与力量的橡果树下。在逃避祖母的棍棒时孩子无意识地丢掉橡果，他的生活和生命的悲剧意蕴就埋下了伏笔。孩子溺毙在通往外界的那条运河中，运河和铁路象征着工业革命的两大推动力，他却走不出去了。在理查德去世一百年后类似“乡野的呼唤”为主题的关注乡村题材的呼声日渐高涨，人们再次开始从对经济、社会背景和宗教与人性的关注，反思英国长久不见的以乡村生活和自然为题材的著作。

4 总结

理查德被认为是“自然派”作家，他的作品与维多利亚时期其他作家的大相径庭，但是对于乡村惟妙惟肖的细节描述加之他优美的笔调体现了现实主义的典型风格。这个时代读者希望小说既能真实反映令人烦恼的生活，又能唤起人们对美好生活的向往；既要幽默风趣，又要哀婉动人。现实主义，从广义上讲，是对社会生活（尤其是当时社会的生活现实）的忠实表现。正如研究19世纪现实主义小说的学者乔治·莱文所言：“现实主义是一种文学流派，它在很大程度上仰赖于人们常识性的期望，即在文本和事物之间有着直接的联系”。特别是19世纪中期之后，现实主义小说的题材更具有“攻击性”。还有一种看法在19世纪末更为流行，认为现实主义就是对外界事物细节的精密描写，这是带有法国自然主义倾向的现实主义。但是理查德的“自然”观点不似法国自然主义那样的有如精密仪器一般的冷冰冰，也没有狄更斯那样以讽刺的语调对世事的不平表达无奈。在理查德看来，自然不仅仅是指自然世界的方方面面或地球上的自然现象——清醒的风、空气、静谧的四野、鸟语、花草、山峦、溪流和四季的更迭，甚至包括整个宇宙——星辰、太阳与月亮，凡是非人工形成的一切皆属于“自然”的范畴。他是一个思想家，是“一个异教徒，一个泛神论者，一个大地、海洋和‘在天空燃烧’的伟大太阳的崇拜者，向往一种自由、自然、无惧的生活，既有肉体的健康，也有精神的愉悦提升。他还向往着与这样的生活相和谐一致的死亡。”(Henry S，1905:155)在白昼与黑夜交接，夏天或冬日，在树下，心灵更近地感到遥远苍穹蕴含的生命的深意。故事里的小男孩被祖母习惯性地毒打，被关在小屋子里一整天没吃没喝，在每周日都被迫坐在窗口“看”《圣经》，在故事中小男孩最接近自然的场景是在橡树下小憩，但是如上的场景中他被切断了与激发生命力量的自由空气和阳光的联系。自然有心理疗伤的功效，而这一切都硬生生地将小男孩与代表生命、乡野的自然力量分割。理查德本人命运多舛，他生前没有享受盛名，也非常明白在当时的环境下底层人民水深火热的痛苦。但是人是自然的一个部分，人生的悲惨和自然的美丽形成鲜明对比，但人类还是可以从自然中获得安慰、汲取力量，从自然的理想中学习，人类才最终有可能达到人类生活的理想境界——美、真与和谐。

参考文献

[1] 陈英.理查德·杰弗里斯的自然观[J].湘潭大学学报(哲学社会科学版)，2006(4).
[2] 理查德·杰弗里斯.捡橡果的孩子[M].//杨自伍，编.英国散文名篇欣赏.虞建华，译.上海外语教育出版社，1995.
[3] 聂薇.英国乡村社会转型期人的异化——评理查德·杰弗里斯的《捡橡果的孩子》[J].浙江师范大学学报，2007(04):72-75.
[4] 征咪.矛盾中的统一:英国维多利亚时代的儿童观[J].上海教育科研，2012(1).
[5] ALBERT C BAUGH. A literary history of England [M]. 2nd ed. London: Routledge & Kegan Paul, 1967.
[6] ARNOLD M. Culture and anarchy: an essay in social and political criticism[M].

London：Smith Elder，1869.

[7] CIPOLLA C. Literacy and development in the west [M]. Harmondsworth：Penguin，1969.

[8] FRAZER A. The weaker vessel：women's lot in seventeenth century's England[M]. London：Wezdenfeld & Nicolson，1984.

[9] GIBBON E. The history of the decline and fall of the roman empire，with notes by Guizot，Wench and Dean Milman[M]. London：Ward Lock and Co.，1845.

[10] GRAFF H. The legacies of literacy：continuities and contradictions in western culture and society[M]. Bloomington：Indiana University Press，1987.

[11] HAMMONDS B. The rise of modern industry[M]. London：Methuen，1925.

[12] HENRY S SALT. Richard Jefferies：his life & his ideas[M]. London：Arthur C. Fifield，1905.

[13] JEFFERIES R. The story of my heart[M]. Dartington：Faber And Faber Ltd，2002.

[14] MACHIAVELLI N. The prince[M]. Trans. and Ed. Peter Bondanella. Oxford：Oxford University Press，2005.

[15] SCHOFIELD RS. Dimensions of illiteracy，1750－1850[J]. Exploration of Economic History，1973，10(4).

邀请修辞框架下的生态课堂话语策略

上海立信会计金融学院外国语学院　薛婷婷

摘　要： 本文对课堂话语所处的生态环境进行深入分析，认为生态课堂是以知识在食物链上的自由流动为主要特征的，而课堂话语可以有效促进知识的传递。通过结合邀请修辞学的三大原则和八大假设，提出了生态课堂话语的四条修辞策略：①倾听：以理解为目的；②提问：以平等和权力共享为前提；③改写：以自主为改变的首要条件；④保全面子：以欣赏差异为宗旨。

关键词： 生态课堂；邀请修辞学；话语策略

1　引言

美国哥伦比亚师范学院院长 Lawrence Cremin 在 1976 年出版的《公共教育》一书中将生态学引入教育研究，提出了"教育生态学"(educational ecology)的概念。该理论自提出后就广受关注，近年来更是成了教育科研的热点。课堂生态作为教育生态的一个微观层面也颇受国内外学者的关注。目前围绕课堂生态的研究主要从两个角度出发：①从生态学的视角来审视课堂教学，这一方面国外的研究较为深入，角度多样，如利用课堂生态与特殊学生的教育(Speece，2009)，课堂物理生态环境与学生交流(Barowy，2008)，课堂生态与写作课堂(Nystrand，2001)等；②用生态学的理论来指导课堂教学，如外语课堂生态(孙树芳，2009；左焕琪，2007；邹晓玲，2007)，口译教学生态化(任丽，2012)。但是，将生态学和课堂话语相结合的研究目前还很少见。事实上，课堂话语作为课堂生态的有机组成部分，是教师实施教学活动、学生参与课堂互动的重要媒介，教师的课堂话语直接影响教学效果，因此，合理的教师的课堂话语策略对于生态课堂的建设而言至关重要。本文将从生态学角度出发，在深度分析课堂话语的生态环境基础上，结合 Sonja Foss 和 Cindy Griffin 的邀请修辞学的理论框架，提出生态课堂话语的修辞策略。

2 课堂话语的生态环境分析

2.1 课堂生态与生态课堂

课堂生态是一种微观的教育生态。和大自然中的生态环境一样，课堂生态也是由各种生物、非生物之间的互动所构成的。教师、学生、课堂环境三大生态因子相互影响、相互作用、相互依赖，共同构成了课堂生态。在大自然中，一个生态系统的可持续发展取决于它能否遵循某种可以使能量自由流动的模式，那么在课堂生态中，如果能量（知识）能在教师和学生之间有效传递，那么这样的课堂生态就可以称为生态课堂。“传递”一词强调的是双向性，也就是说，在生态课堂中，不仅仅是教师在教授知识，生态课堂还包含了许多不同的认知过程，这些认知过程使得学生能够经历、创造和转化知识，与教师一起促成知识在课堂中的流动（Besnoy，2012:306）。可见，生态课堂能确保知识流动的有序畅通，是课堂生态发展的目标，也是课堂生态发展的最高层次。

2.2 生态课堂的食物链

食物链是生态环境的重要组成部分，它表示的是物种之间的食物组成关系，或者说是物质和能量在物种之间转移流动的情况。在食物链中，最底层的是“生产者”，它们是通过光合作用合成有机物的绿色植物；再上层是各级“消费者”；最后是“分解者”，它们以“消费者”的尸体为食。在课堂上，同样也存在着食物链，这里的食物是知识，教师和学生均是处在不同层次上的消费者。教师相对学生而言位于食物链的下层，他们将自己所获取的知识向上传递，位于上层的学生接受知识，分解吸收为自己的能量，再向上传递。当然，这只是最简单的食物链，事实上，大自然中的食物链结构复杂，有些生物还会互为食物，所以这种链式关系并不是单向的，而是双向甚至是多向的。在课堂上，知识也并不是从教师单向地流向学生，学生和老师虽然处于食物链的不同层次，但他们的关系是平等的，教师并不是权威。一方面，教师将自己的知识传递给学生，在与学生的交流互动中，基于学生的反馈对自己的原有知识体系或是教学方式进行调整；另一方面，学生吸收教师传递过来的知识，并将其与自己的原有知识体系结合，将自己的理解回馈给教师。因此，知识在课堂上并不只是由教师控制的，学生和教师的共同参与才能确保知识流动的流畅性。当然，在知识的流动过程中有很多因素的参与，但本文将只关注其中的一个因素：课堂话语。

3 基于邀请修辞学的生态课堂话语修辞策略

3.1 邀请修辞学理论简介

修辞学大师 Kenneth Burke 曾说过：哪里有劝说，哪里就有修辞；哪里有意义，哪里就有劝说（Foss，1985:161）。长久以来，修辞一直被等同于劝说。但事实上，在很多场合，一味地劝说会导致逆反心理的产生，更有甚者，会产生敌对情绪。为此，女性主义修辞研究者 Foss 和 Griffin 提出了全新的理论：邀请修辞学。她们将其定义为：邀请（听众）来理解，以此来创建一种基于平等、内在价值和自主的关系（Foss 和 Griffin，1995:5）。换句话说，交际双方都被邀请到对方的世界中，用对方的眼光来看待问题。因此，邀请修辞学并不是要赢得对方，也不是要倡导某一立场的正确性，这是它和其他修辞学最大的不同之处。"使用邀请修辞学就是从相互尊重和平等的立场上交流观点"（Bone，2008:437）。这种交流的核心是对话，交际双方使用有思想性的语言共同创建一个环境，在这一环境中，交流的任何一方都有可能欣然改变自己的观点。

3.2 邀请修辞学三大原则与生态课堂的契合度分析

邀请修辞学有三大原则：安全（safety）、尊重（value）、自由（freedom）。"'尊重'是承认听众有内在的或固有的价值，修辞者愿意暂且将自己的立场放在一边，以更好地理解他人的观点。当对方在讲述自己的经历、观点、爱好和选择时，修辞者会仔细倾听对方的想法，不打断，也不加入自己的观点。'安全’是指要使听众产生安全感，在交流过程中，这份安全感来自听众觉得‘自己的情感或想法得到了尊重和关照’。听众会感觉到对方是乐于接受新的观点的，也相信对方是在与自己合作而不是对抗。‘自由’也叫‘自主’(self-determination)，是做出选择和决定的力量，它的存在是‘相互理解的前提’。也就是说，说话人要给对方机会，让他自己做出选择，而不是将观点强加给对方。”(Foss 和 Griffin，1995:10-12)

生态课堂强调重视课堂中的三大因子，即教师、学生和课堂环境之间能量的自由流动。在生态课堂中，教师和学生的地位是平等的，他们都是课堂食物链中的消费者，良好的课堂环境能促进知识在教师和学生之间传递。在生态课堂中，安全是第一位的，只有学生有安全感，才能畅所欲言、敞开心扉。这种安全感来自自我价值得到承认，自己的想法得到尊重。学生接受知识与否，或是以何种方式接受，都是一种自主的过程，只有他彻底理解了，心中的疑惑消除了，才会心悦诚服地去接受。可见，邀请修辞学通过三大原则想要营造的氛围正是生态课堂的特点，两者不谋而合。

3.3 邀请修辞学八大假设与生态课堂话语策略

既然生态课堂与邀请修辞学有很高的契合度，我们就可以运用邀请修辞学和八大假设来设计生态课堂的话语策略，以促进生态课堂的建设。

3.3.1 邀请修辞学八大假设

(1) 在邀请修辞中，理解是交流的目的。不管参与者的观点和立场有多少不同，说话人都需要“带着尊重和开放的心态”，“从听众的角度去了解听众的感受和理解”。

(2) 邀请修辞的参与者带着开放的心态去倾听。在很多时候，我们都在听，但是我们认真地听是为了“赢得对方或者使自己的观点能够胜出”。邀请修辞学要求倾听者将自己的想法放在一边，“不打断对方，而是给对方时间去说出内心的想法，站在对方的角度去思考”。

(3) 在邀请修辞中，说话者和听众是平等的。说话人只是一个“帮助者”，而不是“无所不知的专家”。说话人要鼓励听众作补充，参与互动。

(4) 邀请修辞中权力是属于所有参与者的，这不是压制别人的权力，而是

"所有参与者都能使用的权力,它能给参与者以能量,帮助和促进每个参与者都参与互动,并从中学习"。

(5) 在邀请修辞中,参与者只有当自己选择改变的时候才改变。不要去试图改变对方。一个人只有在有足够动力且乐于改变的时候才会选择改变。作为说话人,我们可以为听众创造一个易于接受改变的环境,而不是去迫使他改变。

(6) 参与邀请修辞的人都是乐于接受改变的。这不仅指听众,也包括说话人。你认为很重要的观点可能会受到质疑,你会觉得不舒服,但要去考虑质疑的合理性,如果对方有道理,你要去接受,去做出改变。

(7) 邀请修辞创造的是一个欣赏差异的世界。这是一个以"尊重和欣赏对方为特征的世界",你会对持不同意见的人表示感谢,因为他们给了你新的信息,帮助你更好地理解世界。在这个世界中,"人们有安全感,受尊重,有为自己的生活作出决定的自由"。

(8) 邀请修辞只是众多修辞工具中的一种,它并不适合所有场合(Foss,2012:10-18)。

在这八点中,最后一点是一种补充说明:邀请修辞并不适用于所有场合。对于前面七点,我们可以进行关键词提炼:理解、倾听、平等、权力共享、自主改变、乐于改变、欣赏差异。可以看出,这七点事实上是对"安全""尊重""自由"三大原则的扩展。理解听众、倾听他们的想法可以为听众创造一个安全的环境,他们知道在这样的环境中自己的想法会被重视,可以畅所欲言;平等地对待听众、和他们共享权力是尊重他们的一种表现;而自主改变同时又乐于改变体现的是自由的精神。如果课堂话语以这七条假设为指导,就能营造出以"安全""尊重""自由"为原则,以知识的自由流动为特征的生态课堂。

3.3.2 课堂话语修辞策略

1) 倾听:以理解为目的

Wayne Booth 的"倾听修辞学"也强调,在交流中持不同意见的人倾听对方的论述,倾听不仅仅是为了更好地说服,还为了在冲突背后找到深层次的共识(Wayne Booth, 2004:45)。也就是说,修辞者要进行换位思考,站在听众的角度去思考,这样才能有效地说服对方。邀请修辞学同样强调倾听,不过不是为了说服对方，而是为了尊重对方的想法，使对方有安全感。

在生态课堂上，为了更好地理解学生的想法，教师也需要倾听。首先，教师需要了解学生的认知水平和知识结构，以找到合适的契机，选择学生能接受的方法将自己的观点或是知识有效表达出来；其次，教师也需要倾听学生的反馈，对自己的授课方式及时作出调整；最后，当教师与学生的观点产生冲突时，教师需要将自己的想法放在一边，耐心去了解学生的观点，站在学生的角度去思考，去找出他们观点中合理的地方和需要改进的地方。这样，学生感觉自己的观点得到了教师的尊重，内心会产生安全感，就会更积极地参与到课堂活动中去。

2）提问：以平等和权力共享为前提

每节课，教师都会问大量的问题。问题在课堂上可以起到很重要的作用，教师可以用问题来帮助学生理解，鼓励学生参与课堂活动，为学生打开思路，等等。教师的课堂提问能力与师生的互动程度有直接的联系。教师的提问能力越高，课堂的互动及上课的效果越好。

在课堂上，提问的方式不应拘泥于一种，提问策略需要以平等和权力共享为前提。要平等地对待每一位学生，给他们都有回答问题和参与课堂活动的机会。这不仅仅是提问每位学生那么简单，而是教师的问题要关照到每一位学生，使大家都有思考的机会。首先，提问时要关照到成绩落后的学生。如果一味地进行针对知识点提问，那么，学习成绩好的学生可以有很好的表现，但成绩落后的学生会感到没有自信，从而失去安全感。比如说，如果教师提问："什么是重力?"那么了解这方面知识的学生会给出一个较为专业的答案，但不了解的学生会感到一种失落感。如果教师换种方式提问："重力存在于我们的周围，有谁能举例说明呢?"这样的问题和日常生活相关度高，就会吸引学生的兴趣，学生或多或少都会有所了解，就会得到很多不同的回答。其次，要多问真正的问题。教师在课堂上问的问题，有些只是为了了解谁知道正确答案。这样的问题就不是真正的问题。真正的问题是启发学生思考的，Why-question 就是这样的问题。Wintergest 经过研究发现，42%的 why-question 可以得到较长的回答。回答的长度代表了学生思维的活跃度，多问些学生需要思考才能回答的问题，也是尊重学生的一种表现，学生也获得了思考的"自由"，这样的课堂中，学生的参与度自然也就会高（Walsh，2006:8）。

3）改写：以自主为改变的首要条件

教师和学生踏进课堂，就是为了调整已有的知识结构或接受新知识的。当话语表达不清时，说话者就需要换个方式重新表达，这就是改写。从教师角度来看，教师在课堂上需要把知识传递给学生，但学生有接受或排斥的权力，这是一个自主的过程。当教师表达不清楚或不明白时，就需要对自己的话语进行适时地调整，而不能强迫学生去死记硬背。教师的话语要清晰易懂，但这个度需要教师自己把握，在面对不同的学生时，采用的话语策略也会不同。举个简单的例子，高中教师的话语策略和小学教师的显然就会有很大的差异。Chaudron(1988)发现，教师一般在四个层面改写自己的话语：词汇、语法、发音、肢体语言；Tardif(1994)介绍了五种改写策略：自我重复、建立语言模型、提供信息、扩展话语以及使用广泛的提问。这些改写的目的就是为了让学生更好地理解，在理解的基础上决定是否接受新知识(Walsh，2006:12)。

学生也需要有改写的权力。在课堂上，当学生回答出现问题时，教师很少有耐心会让学生去调整，他们一般会自己代劳，将自己的理解强加上去。这样做是为了更好地把握课堂节奏，也为了将学生有问题的句子修改成零差错。但这样做的代价是学生失去了很好的学习机会。教师修改学生的话语，并加上自己的理解，学生会觉得无法准确表达自己的思想而失去安全感，自己的观点也得不到尊重，自己也失去了思想的自由。其实，教师让学生自己对回答进行改写，在改写的过程中，学生可以自主地调整自己的思想，将不完善的地方进行补充、对不清楚的地方进行说明，经历了这个过程，学生对新知识会有更深入的了解，进而自主地去接受新知识。因此，教师需要做的是帮助学生更好、更清楚地表达自己的观点，教师需要给学生留出足够的时间，在学生表达的过程中尽量少去评价，通过问题来引导或提供帮助。教师可以要求学生表达得更清楚些，这样可以促使学生进一步思考，不断修正自己的话语。

4）保全面子：以欣赏差异为宗旨

在课堂上，教师需要保护的是学生的面子，尤其是在教师和学生的观点相抵触时。教师需要意识到，差异是普遍存在的，要抱着欣赏的姿态去看待差异。每个人都需要感受到自己存在的重要性，我们一般都会对承认我们重要性的人产生好感。在课堂上也一样，如果学生觉得自己在课堂上可有可无，或者是丢了面子，那么他们就很有可能会对课堂产生疏离感，不会积极主动地参与课堂活动，教学效果也会大打折扣。因此，教师在课堂上需要尽量保全学生的面子，以免伤及他们的自尊。比如，在学生回答了问题之后，如果教师直截了当地评价："不对!"那么学生就会感觉丢了面子。但如果教师说"你的回答虽然不是很准确，但为我们打开了思路，启发我们从另一个角度去思考。"学生就会感觉受到了尊重。Rex 和 Schiler 发现，如果让人丢面子的人在地位上要高于对方，那么将对对方的社会声望产生更大的威胁(Rex 和 Schiler，2009：50)。因此，在课堂上，教师就更加应该注意自己的言行。教师不能期望所有的学生都会和自己有一样的想法，要欣赏这些不同，使这些不同碰撞在一起形成思想的火花。

4 结论

生态课堂中，教师、学生、课堂环境相辅相成，一条以知识为主线的食物链贯穿始终。课堂话语可以促进知识在食物链上的自由流动，但其本身也受到了社会语境和会话语境的限制。不过，教师在面对这些限制时并不是无能为力的，通过运用有效的修辞策略，教师可以在这些限制下调整自己的话语，以营造出以知识自由畅通流动为特征的生态课堂。本文通过具体分析课堂话语所处的生态环境，并运用邀请修辞学的理论框架，提出了倾听、提问、改写和保全面子四大生态课堂话语修辞策略。当然，限于作者的能力和本文的篇幅，本文只提出了四条最具代表性的策略。相信随着生态课堂和邀请修辞学两大领域研究的不断深入，我们会发现更多的课堂话语修辞策略。

参考文献

[1] BESNOY K D, DANTZLER J, J A SIDER. Creating a digital ecosystem for the gifted education classroom[J]. Journal of Advanced Academics, 2012(23).

[2] BONE J E, C L GRIFFIN, T M SCHOLZ. Beyond traditional conceptualizations of rhetoric: invitational rhetoric and a move toward civility[J]. Western Journal of Communication, 2008(72).

[3] BOOTH W C. The Rhetoric of Rhetoric: The quest for effective communication[M]. New Jersey: Blackwell Publishing, 2004.

[4] FOSS S K, C L GRIFFIN. Beyond persuasion: a proposal for an invitational rhetoric [J]. Communication Monographs, 1995(62).

[5] FOSS, SONJA K, K A FOSS. Inviting transformation: presentational speaking for a changing world[M]. Illinois: Waveland Press, INC., 2012.

[6] REX L A, L SCHILLER. Using discourse analysis to improve classroom interation [M]. London and New York: Routledge, 2009.

[7] WALSH S. Investigating classroom discourse [M]. London and New York: Routledge, 2006.

大学英语教学中中外教师合作教学模式及策略

上海立信会计金融学院外国语学院　张迎迎

摘　要: 中外教师合作教学是一种优势互补的教学模式,既能充分整合和利用外教资源,又能创设机会让中外教师在教学方法、教学态度、教学理念、教学风格和内容等方面相互观摩和学习,是大学英语教学改革背景下英语教学新模式的一种有益尝试。本研究探讨了中外教师合作教学的 5 种模式,并分析了这 5 种模式的具体适用情况,对学生语言能力、非语言能力,以及对合作教师职业能力培养的意义。

关键词: 中外教师合作教学; 教学模式; 二语习得理论

1　"中外教师合作教学模式"的现实背景

2007 年教育部在《关于进一步深化本科教学改革全面提高教学质量的若干意见》中指出:"要深化大学英语教学内容和教学方法改革……加强大学英语师资培训,造就一批大学英语教学改革的骨干教师……,鼓励有条件的高校聘请国外学者和专家来华从事专业课程的双语教学。"母语为英语的外籍教师能够凭借语言优势营造更真实的英语学习氛围,从而更有效地提高学生的英语听说能力。然而,一些外教缺少在中国教学的经验,不能深入了解中国学生的特点和学习英语的难点;一些外教不懂中文,而有些学生英语听说能力较差,导致学生与外教在课堂上无法互动,学习效果不佳。在这一背景下,中外教师合作教学(cooperation between Chinese and foreign teachers,简称 CCFT 模式)便应运而生。

“合作教学”是指由一名主讲人和一名或多名教学助手或合作者自愿联合工作，以互动和协作的方式开展课堂教学的一种直接合作形式。这些教育合作者拥有独特或互补的教学技能，通过不断努力，发挥各自角色优势，共享教学资源，共同承担教学任务，为所有学生学业成功的目标共同努力(Bauwens 和Houreade，1997)。合作教学改变了教师在课堂教学中原有的作用和授课方式，强调教师之间的合作、教师对新教学环境的适应能力以及所有合作者对所有学生负责任的态度。一方面，这一模式加强了教师课堂教学的实力，开阔了学生的学习视野；另一方面，它对教师的教学能力提出了更高的要求。合作教师只有不断学习、取长补短才能使教学内容、过程和结果都有利于满足不同学生的学习需求。通过合作教学，中外教师发挥各自特长，构建出有利于学生的语言和文化氛围，为学生提供更多的语言学习机会。

2 中外教师合作教学的理论依据

2.1 果维茨基提出的社会文化理论

该理论认为，单纯的语言输入并不能保证语言习得的发生，语言学习的过程应考虑相应的情境、行为、动机等因素。在果维茨基的社会文化理论发展中有四个重要的概念被引入，即活动理论、调节论、内在/自我话语和最近发展区。其中，调节论是指个体通过参与外部的社会文化活动，将外界的社会语言通过语言这一中介内化为个体内部的心理机能，并在这一心理机能驱动下借助语言的调节机制进行社会人际交流。中外教师合作的课堂教学方式是灵活多样的，创设的语言环境更具有真实性，并且在课堂教学外，外教还会定期参加学生的校园英语文化活动，促使学生通过参与课外的社会文化活动进行人际交流，从而培养学生的口语能力，有效提高其英语交际技能。

2.2 教育行动研究理论

教育行动研究是在实际情景中，由实际工作者和专家共同合作，针对实际问题提出改进计划，通过在实践中实施、验证、修正而得到研究结果的一种研究方法。中外教师合作教学正是教育行动研究的真实体现。如何充分发挥外籍教师在英语教学中的优势及特长，避免其局限性，正是目前大学英语教学实践中所需要解决的问题。针对这一问题，中方教师和外籍教师（实际工作者和专家）提出了中外教师合作教学模式并在大学英语教学课堂上进行实践、验证、修正，即边研究、边行动，以解决实际问题。

2.3 克拉申的二语习得理论

20世纪80年代初，美国语言学家克拉申（Krasen, 1985）提出了“二语习得理论”。其中，“输入假说”（input hypothesis）和“情感过滤假说”（the affective filter hypothesis）是克拉申的“二语习得理论”中影响最大的。在“输入假说”中，克拉申指出：学习者是通过对语言输入的理解而逐渐习得二语的，但不是所有形式的语言输入都能促进学习者的二语习得。只有当语言输入对学习者来说是“可理解性”的时候才能发挥其积极的意义。所以，克拉申用“i”和“i＋1”两个术语来解释“可理解性语言输入”（comprehensible input）。如果把学习者现有的语言水平用“i”来表示的话，“i＋1”就表示略高于学习者现有语言水平的知识。如果语言输入再难，就变成“i＋2”或者“i＋3”，那么学习者就可能无法理解输入的语言了。但如果输入的语言太简单，刚好和学习者的语言相当或者更容易，那语言输入就是“i＋0”，那么学习者就可能因为无法得到新知识的语言输入而难以进步。同时，在解释学习者接受同样的可理解性语言输入后不能达到相同的二语习得效果的时候，克拉申引入了“情感过滤假说”。他认为，学习者的二语习得效果还受到个体的诸多情感因素的影响，比如：学习者的动机、自信心、焦虑和其他情感变量等。基于上述理论，我们认为，中外教师合作教学模式有利于学生接受更多的可理解性语言输入。首先，外籍教师虽然有语言的优势，但是大多因为不了解中国学生的特点和教学大纲要求，或者自己的中文水平较差等原因，不能给学生难易程度合适的可理解性语言输入。中外教师合作教学一方面可以让学生浸入纯正的外语环境中，同时通过中国教师的中介让外教更加了解学生的需求而给予学生更多的“可理解性语言输入”。其次，外教教学虽然一般能给学生一种新鲜感，从而增强学生的学习动机，但同时也会因为语言的障碍让部分学习者产生更多的学习焦虑，进而打击学生学习外语的自信心。中国教师在课堂上的适当介入就可能在一定程度上减少部分学生因为听不懂外教讲什么而产生的焦虑感，从而让学生的情感因素发挥更大的积极作用。

3 “中外教师合作教学”的模式

优势互补是中外教师合作教学的意义所在。幽默风趣、教案新颖、教具多样化、让学生大胆而自由地交流是外籍教师的长处;中国教师的教学优点则是,语言点讲解清晰、语法讲解系统性很强、善于及时纠错。结合两者的优点并实际运用到课堂教学活动中,构建英语生命化课堂,能让学生从具有不同思维方式的教师身上学到知识,切身体验合作教学的优势。学生作为中外教师合作教学最大的受益者,不仅能真实体验和理解外国文化,也能感受到引入外籍教师后课堂的活跃气氛,和中外两种不同文化背景下的英语教学方法的融合。Maroney 提出合作教学的五大教学模式:互补教学、平行教学、分级教学、合作教学和督促教学。目前国内高校主要采用以下五种中外教师合作模式。

3.1 Co-teacher 项目合作

Co-teacher 项目合作是适合所有教师和所有课程的有效合作形式。中方教师和外籍教师自愿参与、自主选择,形成一名中方教师和一名外籍教师配对的合作方式。合作教师可以根据自身情况,自主选择课内和课外合作交流的方式,展开多样化、多层次的交流合作。学期内合作教师要完成不低于 3 次的互相听课、课堂观摩;合作教师根据自己的学术兴趣,选择共同的课题,完成一项与教学相关的学术研究项目;合作教师根据自身实际选择一项学生课外活动或竞赛,进行指导。同时,利用国外教育集团优质的教师培训和研讨平台,组织合作教师参与每学期不少于两次的研讨。

该合作模式的优势是灵活性强,操作方便,不会对现有的课程模式和设置产生影响,方便参与的老师合理安排合作时间;合作教师合作交流主要在课外进行,不对课堂管理和课堂教学开展产生直接影响,因此,对于合作教师的意义从直接影响的角度看大于对学生的帮助。但是,从长远看,合作教师的积极交流和互相学习,优势互补,能够加强合作教师的授课能力,改进课堂教学,学生将是最大的受益者。中外教师合作参与教学研究项目,开展课题研究,能够提升合作教师跨文化沟通能力,合作能力和科研能力。中外教师合作指导学生第二课堂,无疑也会极大提高学生的参与热情,提升指导效率,有益于学校英语学习氛围的提升和学生自主学习能力的构建。但是必须指出,因为中方教师和外籍教师分属不同机构,如何在合作之初激发合作教师的参与热情,对合作过程进行有效的管理,对合作效果进行科学评估,以及对合作教师的激励,需有效协商合作,打破条框限制,这对管理者提出了巨大的挑战。

3.2 平行教学

中外教师合作教学(CCFT)模式在已试验合作教学的高校中最常见的形式是平行教学模式。在平行教学中,中方教师一般负责读写课程或写作课程的教学,而外教则负责同一班级的听说教学任务。合作教学通常采取形成性评估和终结性评估相结合的考核方法。形成性评估包括平时成绩(如课堂表现、出勤、作业完成情况等)和期中考试成绩;终结性评估是指期末考试笔试成绩。学生平时成绩由中外教师分别记录再综合,期中成绩由中外教师共同阅卷评定,期末成绩则由教研室英语教师集体改卷评定。平时成绩、期中成绩和期末成绩在总成绩中所占的比例一般分别为30%、20%和50%。

中外教师平行教学一方面可以让学生浸入纯正的外语环境,同时通过中国教师的中介让外教更加了解学生的需求而给予学生更多的"可理解性语言输入";另一方面,外教教学虽然一般能给学生一种新鲜感,从而增强学生的学习动机,但同时也会因为语言的障碍让部分学习者产生更多的学习焦虑,进而打击学生学习外语的自信心。中国教师在课堂上的适当介入能在一定程度上减少部分学生因为听不懂外教讲什么而产生的焦虑感,从而让学生的情感因素发挥更大的积极作用。当然,平行教学的合作模式和现行的大学英语教学安排会存在一些矛盾,例如:如何协调中方老师和外籍老师所授课程的学分、学时;班级安排要兼顾中方教师和外教的合作,因为中方教师是大班教学,而外教是小班教学。只有这样,在教授同一班级学生的中方教师和外籍教师才可以展开合作和交流。

3.3 交替教学

交替教学的中外教师合作教学模式是上海大学大学英语改革后采用的主

要模式，该模式参与的“大学英语自主学习课程”被评为上海市高等学校精品课程之一。该模式采用大、小班交替授课方式，即一个中教和一个外教或两个中教和六个外教同时授课，中教在多媒体功能厅进行大班授课，通过播放CNN每日时事新闻和相关的英语教学片介绍每个单元的文化背景知识、讲授课文Ⅰ，讲解文章结构、语言点和语法知识，引导学生进行读、写、译等操作活动，并围绕一个主题指导学生分工合作利用网络查资料、做课件、团队合作上讲台陈述等。外教小班上实践课，即把45人左右的班分为A、B班，帮助学生操练课文Ⅰ学到的内容，并教授课文Ⅱ，以提高学生的听力和口语交际能力。除小班操练外，每学期还安排三次与课文相关的、学生出题目的外教讲座。CCFT教学模式采用形成性评估与终结性评估相结合的考核方法。形成性评估包括平时成绩(如课堂表现、作业完成和出勤率等)和单元测试(每两周举行一次单元测试)；终结性评估由期末口试和笔试组成。学生的平时成绩由中外教师分别记录，单元测试和期末笔试由中外教师共同评卷，期末口试主要由外教主持和评分。CCFT教学模式制定一整套教学纲要和管理方法，明确外教的主要职责是针对课文主题进行口语和听力训练，其授课内容必须与教材的主题相关，避免外教单独授课的盲目性。

该教学模式的最大特点是：在大学英语教学中，中教与外教共同承担多个班级的授课任务，在工作中各展所长、避其所短、优势互补、密切合作。这是一种体现学生主体性、积极性、个性化的教学模式。改变了传统的以教师为中心的单纯传授语言知识的教学模式，逐步实施新型的以学生为中心的任务教学法，目的是培养学生的自主学习能力。上海大学对该模式进行两学年的调查，表明该模式具有明显的优势和很强的生命力，值得广泛探索、不断改进和推广使用。该模式非常适合国际班和学术英语班使用，进一步改进教学，提高优势学生的英语水平，满足英语能力较强学生的学习需求。

3.4 小组教学

小组教学是一名或几名外籍教师和一名或几名中方教师结成教学小组，针对共同教授的同一门或同一类课，开展种类多样的教学教研活动。譬如：共同选择教材、集体备课、合理规划每周授课内容、授课方式、讨论授课中出现的问题等。通过分别授课或者轮流授课的方式开展教学合作。该合作模式适应学段制改革条件下,英语素质选修类课程和小学期实践类课程的开展。特点是:灵活性强,能够充分发挥中外教师个人优势,让学生从中受益。

3.5 课内合作教学

在课内合作教学的模式中,外籍教师是主讲教师,在口语教学中起主导作用;中国教师是教学助手,担任各自大学英语教学班级的合作教学任务,在教学中发挥自己的桥梁作用。为了保证中外教师教学目标的统一,中外教师需要集体备课制度,在课前充分准备,充分交流,以保证在课堂上达到尽可能默契协调的合作状态。师生三方所构成的联系并不呈正三角形的形状,外籍教师作为主讲教师必须充分发挥他们的语言优势,应当尽可能长时间、近距离地接触学生,中国教师则相对远离学生,随时处于“待机”状态。中国教师作为教学助手应当发挥自己熟悉教学环境,熟悉学生背景的优势,协助外教更好地完成教学任务。在教学需要时应当立即投入“运行”,主动介入教学,靠近外教或靠近学生,成为“动态三角形”变化的积极因素。一般说来,中方教师会在学生理解外教语言发生较大困难时介入,会在学生没有正确领会外教意图时介入,会在认为需要进一步启发学生思考时介入,会在认为需要提醒外教补充某些教学内容时介入,会在学生情绪有低落趋向时介入等等。介入的方式可以是简单的板书,可以是用英语解释,可以是少量的中文翻译,可以是向学生提问或向外教提问等等。

该模式占用的教师资源比较大,比较适合学生英语能力比较低和课程难度比较高的情况,但是会极大提高授课效果。建议在分级考试中分流出来英语水平比较低的班级开展,或者在一些难度较高的 ESP 课程中采用。

4 结语

大学英语教学中外教师合作教学的实施,对中方教师和外籍教师的专业知识的获得、教学技巧的提高、教学态度的转变和合作能力的增强等方面具有积极的作用。在与外籍教师接触和合作的过程中,中方教师无疑比其他没有参与中外教师合作教学的教师获得了更多的用英语与外教交流的机会,英语口语得到了锻炼和实践,口语表达能力显著提高,同时跨文化意识也大大增强，授课自信心得到提高，教学效果更明显了。外籍教师可以从这种特殊的教学模式中深入了解中西方教育制度的差异、中国学生的学习状况和思维方式，尤其是中国特色文化，可以从中方教师那里学会怎样有效地帮助学生提高英语测试技巧，如何驾驭课堂，从学生的需求出发开展教学，改善和提高教学效果。

中外教师合作教学模式对合作的教师有益，更有利于学生语言能力（听、说、读、写、译等语言技能的运用能力）和非语言能力（非智力因素）的提高。在合作教学课堂上，中方教师和外籍教师知识和技能的有益补充，大大拓展了学生对所学知识理解上的深度和广度。外籍教师的授课语言教学和学习的真实性很强，中方教师的授课语言教学和学习实效性很强，双方合作教学取长补短，使学生从语言知识的被动接受者成功转变为英语语言的实践者和操纵者，学生语言能力的提高是必然的。另外，学生的非语言能力（非智力因素）在中外教师合作教学过程中，也可以得到相应的发展和提高。外籍教师授课的课堂上中方教师的适时参与和合作，会大大减少学生理解上和心理情感上的障碍，中方教师的桥梁作用增强了外籍教师与学生交流和沟通的畅通性，学生在外籍教师授课课堂上的焦虑感大大降低，学生“习得”英语的自然环境得以顺利建立；合作教学课堂上外籍教师以学生为中心的教学方法、轻松而又热烈的课堂气氛，以及幽默而极具鼓励性的语言，有利于克服学生忧虑、焦急、缺乏自信心等方面的心理负面因素，同时激发学生学习英语的兴趣。学生会充满自信，以一种愉快的情绪参与授课教师设计的课堂活动，高效完成学习任务。

因此，中外教师合作教学是一种优势互补的教学模式，既充分整合和利用了外教资源，又创设机会让中外教师在教学方法、教学态度、教学理念、教学风格和内容等方面相互观摩和学习，不失为大学英语教学改革背景下英语教学新模式的一种有益尝试，同时为师资培训提供了一条便捷高效的途径。

同时必须指出的是，中外教师合作教学的模式设置、实施、管理、评估都离不开合理科学的设计和管理者的合作。开展中外教师合作教学，不能搞“一刀切”，应该结合人才培养方案、学时学段制改革，以及现有大学英语课程体系和结构，分层次分类别开展，这也为整体设计提出了挑战。但是，启动中方老师和外籍教师的良性互动，开展教学上的合作无疑会为目前大学英语教学改革提出新思路和新途径，值得教学管理者和教师在实践中不断探索，不断修正，以形成适合教学实际的、行之有效的中外教师合作教学模式和方案。

参考文献

[1] 柏桦，牟宜武，Lydianne Loredo.中外教师合作教学对学生和教师能力发展的作用研究[J].外语教学理论与实践，2009(4).

[2] 郭尔平，顾超美，鲍静英.中外教师英语口语课堂教学合作实践报告[J].外语界，2002(3).

[3] 牟宜武，柏桦.中外教师合作教学对教师专业发展的影响[J].吉林工程技术师范学院学报，2009(7).

[4] 尚丽华.中外教师合作教授英语口语教学新模式探析[J].中国成人教育，2009(12).

[5] 王玲.大学英语教学中外教师合作教学模式探讨[J].教改探索，2014(9).

[6] 殷小娟.中外教师合作教学研究概述[J].西南农业大学学报(社会科学版)，2012(7).

[7] 朱金花.发挥中外教师特长提升外语综合素质——上海大学中外教师合作外语教学模式理论与实践探索[J].外语界，2006(5).

[8] KRASHEN S D. The input hypothesis: issues and implications [M]. London: Longman, 1985.

论大学英语中的翻转课堂

上海立信会计金融学院外国语学院　李海燕

摘　要： 随着我国教育改革不断深入，我国教育事业发展已经有了很大的成效。但目前我国大学英语教学模式仍有一些不足之处。这些传统的教学模式虽有自身的优点，但也带来一些弊端。在如今的信息时代，科技的发展影响到社会生活的各个方面。教学过程中如何利用信息科技更好地促进教学中的互动，也是近年来教育领域研究的一大课题。翻转课堂就是其中一个重要的概念。本文旨在研究利用现代网络信息技术的翻转课堂对大学英语教学的影响。

关键词： 大学英语；教学；翻转课堂

大学英语课堂教学模式对教学质量有重大的影响，英语教师要正视目前教学过程中存在的问题，不断学习新的教学理念，采用一切可利用的方法和技术，找到解决问题的对策，并不断总结教学经验，引导学生自主学习，促进学生英语综合能力的提高。

1　大学英语课堂教学模式的现状和弊端

在我国大学英语课堂教学中，教学模式仍比较传统。在课堂教学中，老师仍是教学的主体，课堂活动仍以老师的讲授为主，过于偏重知识的灌输。这种传统的教学模式有自身的优点，但也有不少弊端。

首先，这种大学英语课堂教学模式忽视了课堂互动，使学生的主体地位意识缺失。灌输式的教学模式忽视了学生自身的认知方式、学习能力和发展需要，学生被动地接受知识传播，不能有效地激发学生的学习动力，也忽视了课堂教学的互动性(蔡基刚,2009)。学生缺乏参与自主学习的机会,缺乏合作讨论交流的英语实践活动,不利于学生思维能力和创新思维的培养。虽然这种现象在某种程度上由种种客观因素所决定,如教学进度和课程时间的限制等。但总体而言,这种教学模式不利于学生学习兴趣的培养,使学生在学习中缺乏主动性和积极性,严重影响了学生主体意识的形成。

其次,大学教师以传授知识为主的教学模式还严重阻碍了学生自主学习意识的形成。学生的学习自主性是学生学习语言知识的必备条件。知识的积累要在原有经验基础上主动构建才能有真正的收获。教师在英语教学中传授知识对学生的学习只应起到引导作用,最主要还是通过学生的自主学习、领悟和内化,才能真正转化为学生自己的知识。学生只有在自主学习中才能达到最佳的效果。

2 翻转课堂

翻转课堂译自 Flipped Classroom 或 Inverted Classroom,也可译为"颠倒课堂",是指重新调整课堂内外的时间,将学习的决定权从教师转移给学生(Bishop 和 Verleger, 2013)。翻转课堂作为一种新型的教学形式,已在全球开始盛行。"翻转课堂"源于萨尔曼·可汗一个偶然的教学方式。后经可汗等人的试验推广发展为今天意义的翻转课堂。所谓翻转课堂,就是课程教师提供以教学视频为主要形式的学习资源,学生在上课前完成对教学视频等学习资源的观看和学习,师生在课堂上一起完成作业、答疑、协作探究和互动交流等活动的一种新型的教学模式。(Tucker, 2012;崔艳辉、王轶,2012)

2.1 翻转课堂教学模式

翻转课堂的全过程一般由三个环节构成:问题引导环节、观看视频环节和问题解决环节。

问题引导环节。在学生已有知识经验的基础上,教师提出一些指导性的问题,并将已录制好的相应的课堂教学视频发放给学生。这个环节是翻转课堂的开始环节。

观看视频环节。学生回家后观看教学视频,并通过各种方式进行反馈,解决教师之前提出的相关问题,将不懂的知识甄别出来。这个环节是翻转教学的关键环节,这也是一次自主学习,知识内化的过程。因为正是从这一步开始,学生通过观看视频自主学习,原有的认知结构开始和新的概念知识发生作用,学生从中获得新的知识。

问题解决环节。在这一环节中,教师收集学生不懂的问题,与学生在课堂上讨论、互动,解决这些问题,并鼓励小组之间通过竞赛讨论交流等方式积极参与解决。这个环节是翻转教学的第三个环节,同样也是一次学生自主学习和知识内化的过程。因为在这个环节中,学生在互动交流中加深了对原有知识基础上已经获得的新知识的理解,并纠正了之前有可能产生的错误理解。

从上面的分析中可以看出,翻转课堂进行的全过程都在积极地引导学生进行自主学习,自行探索思考解决问题,并在学习探索的过程中完成了两次知识的内化。翻转课堂正是通过"问题引导——观看视频——问题解决"的流程帮助学生多次内化知识,形成正确的知识概念。(赵兴龙,2014)

2.2 翻转课堂的特征

与传统的教学模式比较,翻转课堂具有如下特征:从教学流程的角度看,翻转课堂颠覆了"教师讲授+学生作业"的教学过程。传统教学通常包括知识传授和知识内化两个阶段:在知识传授阶段,教师在课上完成对课程内容的讲解,学生则完成对课程内容的接受和初步理解;在知识内化阶段,学生在课下运用所学知识完成作业和练习,强化对知识的深度理解。翻转课堂则把知识传授的过程放在课下,学生在上课前完成对课程内容的自主学习;把知识内化的过程放在课上,课堂的大部分时间用于学生的作业答疑、小组的协作探究以及师生之间的深入交流等。(钟晓流等,2013)

在这种教学模式下,课堂内的宝贵时间,学生能够更专注于主动的基于项目的学习,共同研究解决问题,从而获得更深层次的理解。教师不再占用课堂的时间来讲授信息,这些信息需要学生在课前完成自主学习,他们可以看视频讲座、阅读电子书籍,还能在网络上与别的同学讨论,能在任何时候去查阅需要的材料。教师也能有更多的时间与每个人交流。在课后,学生自主规划学习内容、学习节奏、学习风格和呈现知识的方式,教师则采用讲授法和协作法来满足学生的需要和促成他们的个性化学习,其目标是为了让学生通过实践获得更真实的学习。

2.3 翻转课堂的意义

翻转课堂模式是大教育运动的一部分，它与混合式学习、探究性学习、其他教学方法和工具在含义上有所重叠，都是为了让学习更加灵活、主动，让学生的参与度更强。翻转课堂实现了传统课堂中知识传授与知识内化两个阶段的颠倒。在翻转式教学中，教师从知识的传授者转变为学习的指导者和促进者；教学视频承担起了知识传授的责任，其质量对知识传授的效果有着重要的影响。它与传统教学相比具有突破传统课堂局限、重构教学结构、体现教学新理念的优势。（汪晓东，2013）

互联网时代，学生通过互联网学习丰富的在线课程，不必一定要到学校接受教师讲授。互联网尤其是移动互联网催生"翻转课堂式"教学模式。"翻转课堂式"是对基于印刷术的传统课堂教学结构与教学流程的彻底颠覆，由此将引发教师角色、课程模式、管理模式等一系列变革。

翻转课堂是对传统课堂教学的革新。教师的角色真正从知识的传递者转变为学习的引导者，但由于课前实施过程需要学生要有很强的自主学习和自控能力，课堂上知识内化需要教师理念改变，素养需要提升，所以实施翻转课堂过程要真正实现需要精制课程教学视频，重建课堂对话，使课堂真正动起来，全面提升课堂教学效率，科学推进翻转课堂的有效实施。

3 翻转课堂教学模式在大学英语教学中的应用

3.1 大学英语教学中翻转课堂的必要性和可行性

如前所述，目前我国大学英语教学中仍存在一些弊端，其中较为严重的一点就是传统教学模式偏重于教师对学生知识的灌输，忽视学生学习的主体地位，不利于鼓励学生自主学习的积极性。而翻转课堂的教学模式则侧重学生的自主参与，独立学习能力和沟通能力的培养，增加了学生和教师之间的互动和个性化的学习时间，有利于让所有的学生都积极学习，有利于让所有学生都能得到个性化教育。从理论上讲，翻转课堂教学模式是可以解决传统教学的这一弊端的。

从当前大学英语课教学的实践来看，在大学英语课堂中也具备了开展翻转课堂教学模式的基本条件，有一定的可行性。首先，绝大多数大学生都已经掌握了一定的信息技术能力，能够熟练地使用 Windows 系统，登录各种网络平台，操作各种多媒体资源。其次，从事大学英语教学的教师，大多能够胜任常规的学习资源制作、学习资源管理和发布等任务。再次，信息技术课程具有较强的趣味性，大部分内容适合以任务驱动、项目教学的方式开展教学活动，便于组织自主学习、自主探究类型的教学活动（卢海燕，2014）。最后，作为新世纪的大学生，部分已经具备了一定的自主学习能力和自我约束能力，能够按照教师的要求开展自主学习。尽管少量学生的自主学习能力不强，但在同学教师的带动下，也能够自主学习大部分知识内容。总之，从学习者的素质和信息技术能力看，在大学英语课堂中采取翻转课堂教学是可行的。

3.2 如何在大学英语教学中实施翻转课堂教学模式

在大学英语教学中组织翻转课堂教学实践活动需要结合大学英语课程的特点，针对学生的接受程度，采用多种信息科技技术，设计出制作精良的视频和指导性的问题。在大学英语教学中实施翻转课堂教学多遵循以下步骤：

第一，为保证学习者课外自主学习的有效开展，教师必须预先构建完整的学习支持体系。教师要树立新的教学理念，学习新的信息技术，不断提高实施翻转课堂的能力，重视培养学生的学习技能。

第二，为激发学生的内在动机，需在每个模块开始前，准备相关的视频或音频资料，设置导读环节，通过导读内容和实践性任务测试，向学生提出问题，引导学生自主思考。这一环节教师需要注意大学英语教学的特点，合理提供资料，设置问题。大学英语精读和听说课程均可采用翻转课堂模式教学，尤其是需要大量练习和实践的听说课程。教师事先准备的视频资料或问题不仅可以激发学生学习的兴趣，同时也弥补了大学英语听说课程在课堂训练时间较少的不足，使学生的英语听说能力在课堂内外都可得到锻炼。

第三，学生利用学习支持体系提供的资源在课外开展自主学习，解决导读部分提出的问题和实践性任务。这一环节因为需要学生具备较高的学习自主性和积极性，在实施环节中，需要教师合理安排，并制定学生完成情况检查机制。学生所利用的学习支持体系也应与时俱进，及时更换新的更合理的信息科技软件以便更好地辅助学生学习。

第四，组织课堂汇报、讨论环节，鼓励学生之间相互质疑，实现知识内化。这一环节既是对学生自主学习的效果检测，也是教师传授新知识，纠正学生的错误理解，并指导学生进一步内化之前自主学习到的知识的一个重要的教学过程。

第五，通过一定量的作业，进一步固化学习效果。

第六，教师可不定期地开展一些测试，评定学生的学习效果、学习策略以及他们对教学的意见或建议。同时要注意采集实践数据，进行数据分析。通过收集学生的成绩数据、调查问卷数据，进行对照分析，并开展相关性、差异性检验。在此过程中，以学习成绩论证学习效果，以调查问卷结论反映学习者自主学习能力、协作能力的变化，从而探索在大学英语教学中应用翻转课堂模式的可行性和局限性。

4 结论和反思

翻转课堂是典型的“以学生为中心”的学习模式，有利于学生根据自己的认知风格和学习习惯安排学习进度。在大学英语教学中借鉴翻转课堂模式，能够解决当前大学信息技术课教学中存在的一些问题，对于大学英语教学具有潜在优势。但同时，也有一定的局限性。

4.1 翻转课堂模式对主讲教师提出了较高的要求

为了促进学生成为学习的主人，教师需要为学生创造个性化协作式的学习环境，并能够根据学科特点、学习者特征和先进的教学理念进行课堂活动的设计。教师必须事先构建完整的学习支持体系，在教学过程的各个环节都要认真研究，为学习者构造一个适合自主学习、能够便捷获取学习资源的虚拟学习环境。同时还要设置一些激励措施和引导手段，激发学习者的内在学习动机。

4.2 翻转课堂模式对学生提出了较高的要求

翻转课堂模式对学生的自主学习能力有较高的要求。学生大多需要通过数字化终端访问学习支持系统。为此，学生必须掌握一定的信息技术能力，并购置数字化终端设备，才能便捷地访问学习支持系统，在课外完成自主学习。此外，基于翻转课堂模式教学，需要学生付出较多的努力，进行更深入的思考。部分学生反映课业负担较重，他们需要为每一节课付出更多的时间和精力。因此，对于基础比较薄弱的同学，特别是自主学习能力较弱的同学，传统的教学模式仍是快速传递知识的有效手段。

4.3 翻转课堂模式的局限性

翻转课堂模式仅仅是一种教学组织形式，必须密切配合其他教学策略才能发挥作用。与任务驱动学习、项目教学法等教学模式不同，翻转课堂模式仅仅是一种组织教学的方式，没有涉及具体的教学策略和教学方法(张金磊，2013)。因此，翻转课堂的教学组织，必须与其他具体的教学策略有机地结合起来，把项目教学法、基于问题解决的学习策略、发现学习和自主学习的教学理论等渗透到翻转课堂的教学过程中。否则，单纯地讨论翻转课堂是没有任何价值的。

4.4 国内翻转课堂模式接受程度

与国外的学生相比，中国学生所处的社会背景和教育背景有所不同。总体而言，国内学生性格通常较为内敛，更习惯于传统的授课模式，更倾向于服从教师而不是在学术上挑战教师，不善于课堂争论和自主探索。因此，在国内课堂上尝试翻转课堂模式，需要教师在构建学习支持系统、激励学习动机、有效地组织课外学习等方面更加精心地设计，减少学生对翻转课堂的抵触情绪(王素敏、张立新，2014)。而且由于传统的授课模式已经为广大学生和家长所习惯，对于翻转课堂模式的教学活动，不少学生和家长还存在着疑虑，这还需要一个较长的认识过程。另外，随着学生评价教师制度的普及，部分教师担心学生给予低评，对翻转课堂也存在着顾虑。这些因素都会影响翻转课堂的推广与普及。

参考文献

[1] 蔡基刚.大学英语教学若干问题思考[J].外语教学与研究：外国语文双月刊，2009(2).

[2] 崔艳辉，王铁.翻转课堂及其在大学英语教学中的应用[J].中国电化教育，2012(11).

[3] 卢海燕.基于微课的“翻转课堂”模式在大学英语教学中应用的可行性分析[J].外语电化教学，2014(4).

[4] 王素敏，张立新.大学英语学习者对翻转课堂接受度的调查研究[J].现代教育技术，2014(3).

[5] 汪晓东.“翻转课堂”在大学教学中的应用研究——以教育技术学专业英语课程为例[J].现代教育技术，2013(8).

[6] 张金磊.“翻转课堂”教学模式的关键因素探析[J].中国远程教育，2013(10).

[7] 赵兴龙.翻转课堂中知识内化过程及教学模式设计[J].现代远程教育研究，2014(2).

[8] 钟晓流，宋述强，焦丽珍.信息化环境中基于翻转课堂理念的教学设计研究[J].开放教育研究，2013(2).

[9] BISHOP J L，M VERLEGER. The flipped classroom：a survey of the research[C]. Houston：ASEE national conference，2013.

[10] HERREID C，SCHILLER N. Case studies and the flipped classroom[J]. Journal of College Science Teaching，2013.

[11] TUCKER B. The flipped classroom[M]. New York：Education next，2012.

"英语应用文写作"课堂中翻转课堂教学模式探索

上海立信会计金融学院外国语学院　薛　芳

摘　要：本文结合"英语应用文写作"课堂中实际运用翻转课堂模式的应用实践，采用问卷调查法、访谈法等研究方法获取一手实践资料，探索在应用型高校中如何设计适合我国大学生特性的翻转课堂应用模式，并考察其运用效果。本文首先对翻转课堂理论研究及翻转课堂教学模式进行梳理，根据我校教学及课程特点，探索设计了在"英语应用文写作"课堂中践行翻转课堂的具体方法，归纳为"七步法"，对"七步法"实际运用效果进行问卷调查并分析，从而探索适合我国教育特点的翻转课堂实践道路。

关键词：翻转课堂；应用文写作；应用型人才

1　引言

面对21世纪信息技术变革带来的冲击，人们认识世界的方式正在发生日新月异的变化。面对在新世纪中成长起来的学生，教育界也必须不断探索与实践，寻找更适合当前学生特点的教育模式。而我国本身正处于经济与技术不断发展的快速变革时期，必须根据我国高等教育发展的实际情况、大学生的个性特点，让学生可以自主掌握学习过程，实现差异化教学。同时，将学习中遇到的问题带到课堂里，在老师的指导下进行有效的知识内化及输出。

"教学模式"是连接教学理论和教学实践的桥梁，可以较好地发挥教学理论的具体化和教学活动方式的概括化的作用。在我国的实际课堂教学中，一线教师依然沿袭着传统的课堂教学模式，即教师讲、学生听。教师成为学生的主宰，学生在课堂上仅仅是教师的忠实的“静听者”，学生只是一个知识的“容器”。随着云时代的到来，信息技术极大地改变我们的教学方式，传统课堂教学模式受到前所未有的挑战。

从美国开始流行的翻转课堂受到教育界追捧，被认为是代表着教育今后发展的方向。那么这样的方式适不适合我国大学英语写作课程教学？是不是比传统教学模式教学效果更好？在翻转课堂的教学模式中，参与的各个主体感受如何？有什么困难？这是本项目试图通过实验对比解决的问题。本研究着眼大学英语写作课程中翻转课堂的运用实践，在实践运用中对比翻转课堂与传统课堂在我国大学英语写作课程教学中的差异，分析不同主体对翻转课堂实际操作的不同反应。

2 翻转课堂理论溯源

哈佛大学 Mazur 教授提出同伴教学法的理论，他提出“学习可以分为两个阶段，一个是‘知识传递’阶段，另一个是‘知识内化’阶段”(邓笛，2016)，这一理论将知识的传递与知识内化分开，为翻转课堂的推广提供了坚实的理论基础。同时，他强调通过同伴之间的讨论、互助实现知识内化，提高学习效率，培养学生能力。所以，同伴互助学习也成为翻转课堂与生俱来的重要特征。

建构主义者将学习者看作学习的主体，认为学习是学习者基于已有知识经验，在与外界的互动中主动构建自身对知识的解释的过程。学习者已有知识经验存在差异，所以教学要营造社会性、协作性氛围，在尊重差异性的基础上，以学习者为主体，引导学习者重新建构知识。这就要求教师改变传统的以教师为教学主体，将教学视为简单的知识传递的观念。建构主义者倡导设置问题情境，鼓励学生写作探究，促进意义建构。

2.1 翻转课堂概念

对翻转课堂的最早定义来自美国经济学家莫林·拉赫和格伦·普拉特，简单地说就是把传统课堂里发生的事情转移到课堂外，而把课堂外的工作转移到课堂内。英特尔全球教育总监认为，翻转课堂是指教育者赋予学生更多的自由，把知识传授的过程放在教室外，让大家选择最适合自己的方式接受新知识（孙俊文，2015）；而把知识内化的过程放在教室内，以便同学之间、同学和老师之间有更多的沟通和交流。

2011 年 7 月在美国科拉多州举办的翻转课堂大会提出翻转课堂的定义，认为：“翻转课堂是一种手段，它增加了学生和老师之间互动化的和个性化的接触时间；它是一种个性化的教学环境，在此环境下学生可以得到个性化的教育，学生必须对自己的学习负责，学生的课堂积极性很高；老师不再是讲台上的（圣人）和（独裁者），而是学生学习的真正的指导者；它使教学内容得到保存，学生可随时根据自己的情况进行复习，使课堂缺席的学生不被落在后面；它是一种混合了直接讲解与建构主义学习的一种教学模式。”（陈晓菲，2014）

2.2 翻转课堂引入中国

翻转课堂被引入中国以来，引起国内教育学界广泛关注。国内翻转课堂最早的实践研究于 2011 年 12 月在重庆聚奎中学进行，他们把翻转课堂与现在正火热的云计算技术相结合，创建了“校园云”等云教育平台，大大促进了师生之间的互动和交互（李凑、刘赣洪，2013）。2012 年，李敬川发表论文《让课改的阳光照进教育的现实》，总结重庆聚奎中学应用翻转课堂的经验成果，调查结果说明翻转课堂模式受到师生欢迎。随后翻转课堂实践在重庆、上海、广州等城市陆续开展，近年来对翻转课堂的研究也逐步增加，掀起翻转课堂教学实践热潮（刘清怡，2015）。

有关翻转课堂的认识，国内教育界也在不断探索。马秀麟等（2013）根据教学活动的顺序对翻转课堂进行定义，认为翻转课堂就是把“老师白天在教室上课，学生晚上回家做作业”的传统的教学结构颠倒，让学生在课外时间完成知识点和概念的自主学习，而课堂变成了教师和学生的互动平台，通过解答疑惑、合作讨论等策略促进知识内化的模式。

钟晓流等（2013）提出翻转课堂是在信息化环境中，教师提供教学视频作为学习资源，学生在课前完成对教学视频观看和学习，师生在课堂上共同完成作业、答疑、协作探究等教学活动的新型的教学模式。强调翻转课堂教学模式的信息化的条件和以教学视频等主要学习资源等特征，揭示出翻转课堂教学模式与其他教学模式的不同之处。

陈晓菲把翻转课堂教学模式模型和普适性设计理念设计图分为四个部分。教师活动部分由概念探索(concept exploration)和实验性参与(experimental engagement)组成,学生活动部分由意义建构(meaning making)和展示与应用(demonstration and application)组成。学生在意义建构这一学习活动中,通过课程资料的学习实现知识的掌握和建构,在课堂中实现知识的深度学习,通过小组讨论、应用及创造性、个性化的项目展示实现。在翻转课堂教学模式下,课堂被用来实现学生个性化的学习,在课堂上学生通过个性化的项目展现自己学习的成果,在此过程中学生最重要的收获就是可以实现对知识的深度理解,完成知识的建构(陈晓菲,2014)。

现有的翻转课堂研究具有很强的学科针对性,结合不同学科特点探索翻转课堂的理论及实践探索,力图寻找在具体的教学实践中更加高效的结合方式。付兰敏的《基于翻转课堂理念的初中信息技术教学模式的应用研究》、王彩霞和刘光然(2013)的《翻转课堂优化中职课堂教学探析》、谢娅的《中学物理翻转课堂教学理论及实践研究》、王安琪的《翻转课堂在初中英语语言技能教学中的应用》都是在探讨翻转课堂在具体学科中的应用。

翻转课堂在全国范围内方兴未艾,如何在我国教育中落实需要大量具体的实践性研究,大量的教育学者正在摸索尝试,大、中、小学的许多课程如何"翻转"仍是亟待解决的问题;目前理论研究还不完善,远远无法充分满足实践的需要,翻转课堂应该遵循怎样的原则和策略,要想使翻转课堂在中国教育实践中实现更高的价值,还需要教师和学者的不断实践探索和理论总结。

2.3 大学英语写作课中翻转课堂运用研究现状

翻转课堂在国内的运用首先从中小学开始,有关研究早期也多集中在中小学教育研究中。近两年高校翻转课堂研究也迅速发展,在各个学科中悄然兴盛(高俊虹,2013)。大学英语写作课程教学中,由于工作量大、知识内容多、课时相对较少、大班授课等特点,非常适合运用翻转课堂教学模式(韩丽珍,2013),教师也慢慢引入了翻转课堂,进行了很多有益的尝试。通过翻转课堂教学,充分利用课堂内的有效教学时间,帮助学生知识内化。

目前有关大学英语写作课程中翻转课堂运用的研究也有一些理论探索,

如陈晓平从成人高校的商务英语写作中采用翻转课堂模式的效用着手，对翻转课堂的实际运用效果进行理论探索(陈晓平，2013；高俊虹，2013)。高俊虹从远程学习者写作焦虑心态出发，结合远程学习者的特点设计了远程教育背景下的翻转课堂教学模型(高俊虹，2013)。

现有研究从不同学科角度探讨了大学英语课程中翻转课堂的运用，但是目前研究还不深入，多以理论综述及探索为主，没有用实验方法进行传统课堂和翻转课堂的深入研究，实证研究缺乏。

3 翻转课堂教学模式构建

翻转课堂相对于传统课堂有颠覆性的区别，表现在翻转课堂重新定义了学生在课堂中的地位，改变了学生在传统课堂中的学习方式和思考深度，同时，在教学组织、教学技术等方面都有更高的要求，为了更好地将翻转课堂运用于教学实践，必须对翻转课堂的教学模式具有完整、深入的了解，把握翻转课堂的实质。

首先，以学生为中心的教学设计是翻转课堂的核心，不论教学材料以何种方式呈现，教学顺序怎样安排，翻转课堂的根本是形成以学生为中心的教学，推动学生个性化学习和主动思考。老师的职责从简单的知识传递，转为通过引导学生参与知识分享、主动深入思考，帮助学生养成自主学习、批判学习，进而深度学习的良好学习习惯、提高学习效率。

其次，要重视学生的差异，鼓励学生创新。承认并接受学生之间的差异，根据学生的基础、学习能力、学习习惯，分别引导，形成分层教学。翻转课堂允许学生根据自身情况自己确定学习进度和方式，鼓励教师在课堂中根据学生的基础进行不同的引导，甚至鼓励学生创新，使得教学的设计和实施更具弹性。

再次，翻转课堂的模式推动多次知识内化的发生。相比传统课堂，翻转课堂中要求学生在课堂中运用所学知识，推动学生必须在课前掌握知识，那么就确保了课前学生第一次自主将知识内化，在课堂中运用知识时进行第二次内化，在课后的作业里进行第三次内化，帮助学生在不断内化中巩固和深入思考所学知识，形成渐进式知识构建。

最后，翻转课堂注重同伴学习，将学生个人的自主学习与同伴之间的相互学习相结合。学生在相互的交流、学习中比较、激励、反馈，一方面提高学生的学习兴趣，另一方面提高学习效率。

杰姬·格斯丁提出四阶段模型，将翻转课堂划分成以下四个阶段：体验参与、概念探索、意义构建、展示应用，用来帮助人们理解、分析翻转课堂的本质特征。格斯丁定义的翻转课堂从学生的真实体验开始，在体验中认识问题，在构建好的学习过程中探索解决问题的相关概念，进而通过共同学习构建意义，最后再回到实践中，将所学的知识进行运用，进而对所学知识进行内化及巩固。

罗伯特·陶伯特根据自身翻转课堂的教学经验总结出一个更为抽象、简单的翻转课堂结构设计。他将翻转课堂分为课前和课中两部分，课前要求学生观看视频并做配套练习，到课堂里，首先对学生知识掌握的情况进行简单的测试，在了解了学生的问题后，针对学生的问题进行教学指导，并在课堂结束前进行总结和反馈。

在国外相关研究基础上，国内学者也结合我国的教学实践进一步丰富和深化了翻转课堂教学模式的探讨。南京大学的张金磊等(2012)在陶伯特的翻转课堂结构基础上，将信息技术和活动学习概念作为翻转课堂的必要手段，引进翻转课堂教学模式，强调个性化学习环境的构建(见图 1)。

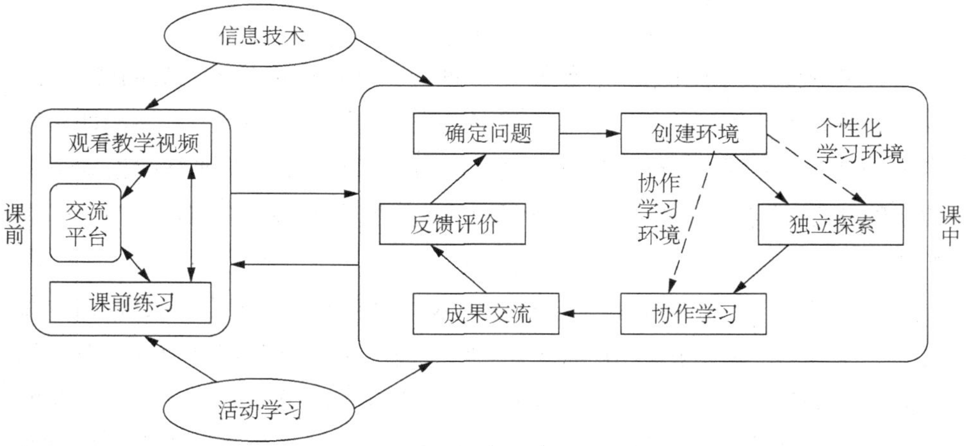

图 1　翻转课堂模式

清华大学的钟晓流等(2013)将中国传统文化与翻转课堂模式相结合,提出太极环式的翻转课堂模型(见图2)。将"学"和"教"看作对立统一的两个方面,应当如太极八卦一般相互融合,形成双边互动,这样的角度避免了过于强调老师在课堂的主导作用,也避免了走向对立的反面,过于强调学生的自主学习,而忽视老师的引导作用。

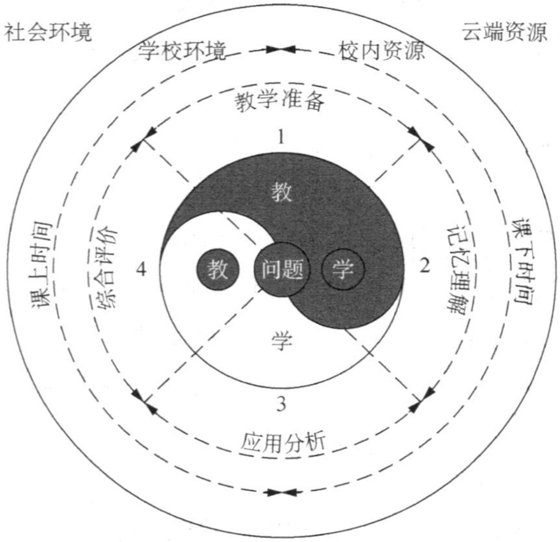

图2　太极环式翻转课堂模型

4　英语应用文写作课程中运用翻转课堂的设计及效果分析

4.1　英语写作课程中翻转课堂实施的可行性与必要性

目前我国大学英语写作课程安排密集、老师工作量大,普遍安排大班上课,传统课堂教学以教师讲解为主,受制于有限的课时,无法在课堂内开展有效的互动。课堂中的互动少,学生没有机会在课堂中实际操作,知识内化过程只能在课外进行,而知识内化过程中出现的问题无法得到教师的及时指导,更无法实现差异化教学。翻转课堂教学模式可以起到很好地解决大班教学的这些问题,学生课前进行自主学习课程内容,带着问题来到课堂上,在老师的指导下寻找问题的答案，实际运用所学知识，及时发现知识内化过程中的问题，并在课堂中解决(张国荣，2013)。于是大学英语写作课程教师开始将翻转课堂形式运用于写作课程中，做出了很多有益的探索。

翻转课堂教学模式以传统教学模式为根基(陈会源，2015)，以学生为整个学习过程的中心，提高学生自主学习的能力。学生在上课前根据自己的学习习惯观看微视频或参考资料自主学习，需要重复观看的地方可以暂停或重放，在考前也便于学生反复复习。学习过程中遇到问题可以通过QQ、微信等聊天工具与老师、同学讨论交流，也可以把问题带到课堂中在老师指导下寻找答案。学生能够按照自己的节奏学习，既提高了学生主动学习的积极性，也提高了学习效率(霍美丽，2016)。

另外，大学英语写作课属于基础类课程，需要大量练习，课后作业多，由于得不到应有的重视，在学生心目中地位远远不如专业课。在这样的情况下学生也会轻视该课程的学习，觉得不如专业课重要，不愿意花更多的时间在这门课上，甚至不愿意来上课，经常会出现学生在课堂上玩手机、打游戏等现象。

有关大学英语写作课程的教学研究问题一直以来是基础课程教师比较关心的问题，理论研究上也有不少有益的探索，但是具体运用实验方法对比具体的教学模式的研究还不多。

4.2 “英语应用文写作”课程翻转课堂设计探索

在我校特聘外籍教师及教学团队的无私分享和共同探索下，经过一年的英语应用文教学实践，笔者归纳出适合英语写作课程的翻转课堂教学模式，基本采用“七步法”(见图3)实现翻转课堂在英语应用文写作课程中的运用。“七

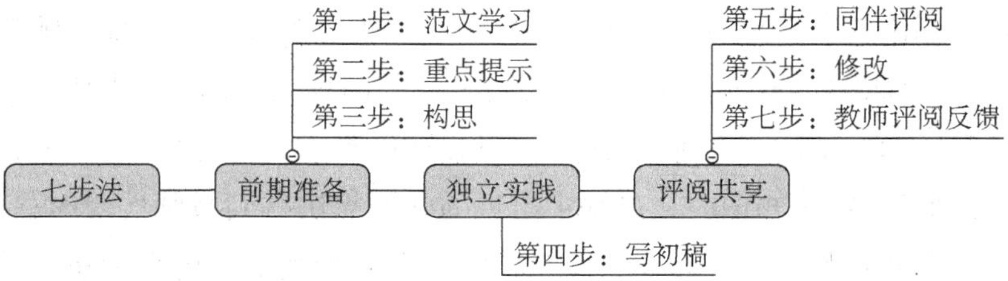

图3 翻转课堂运用“七步法”

步法"分为三个阶段。第一阶段:提供学生范文资料及相关的重点难点提示,供学生自主学习,可根据学生基础及学习主动性情况决定是否在课堂指导学生根据范文及提示构思自己的文章主旨、结构;第二阶段:学生在老师指导后,课后独立完成初稿的撰写;第三阶段:学生两两组队,在老师指导下互相评阅作文,提出修改意见,并给出评分。经过同伴评阅,学生一方面可以根据同伴意见进行修改,另一方面在评阅了同伴的作文以后,自身也会对作文的写作有更深的理解,再重新审阅自己的作文会有不同的视角。最后学生将修改过的二稿提交老师评阅,老师应及时评阅并予以反馈。

4.3 "英语应用文写作"课程中翻转课程实践效果

在英语应用文写作课堂实践中,笔者尝试运用以上"七步法"翻转课堂模式教授英语应用文写作技巧。经过实践发现,学生能够积极参与翻转课堂的学习,尤其是小组讨论及同伴评阅的形式有利于提高学生的参与积极性。先通过学习范文,再通过小组讨论,集思广益,共同构思文章脉络,然后学生在课后独立完成初稿。下一次上课时,首先将习作交换,在老师的指导下进行同伴评阅,学生根据同伴的评阅意见及分数进行修改,最后交由老师评阅。这样的"七步法"形式能够帮助学生对知识点进行多次强化,引导学生从不同角度来审查自己的习作,结合自主学习、同伴学习及老师指导的多种形式激发学生学习主动性和积极性。

在英语应用文写作课堂中连续两个学期的"七步法"翻转课堂教学实践之后,笔者对学生进行了问卷调查,共发放电子问卷 180 份,回收有效问卷 156 份。

调查显示(见图 4),当被问及"你认为在课堂中对自己的习作进行修改时,有更多收获吗?"时,有 91.03%的学生表示在英语应用文写作课堂中通过翻转课堂形式学习,并通过同伴评阅并修改自己的作文,能够帮助自己在写作技巧方面有所收获。

同伴教学法鼓励学生之间的互助和学习,可以表现为小组讨论学习形式或配对互助形式,这样的形式在写作课中尤为适用。因为在传统写作课中通常存在的教学问题是学生在写作时的思维定势和习惯导致的,如果学生能够站在第三者的角度去读一读习作,自己就会发现其中的问题,而这样的问题可

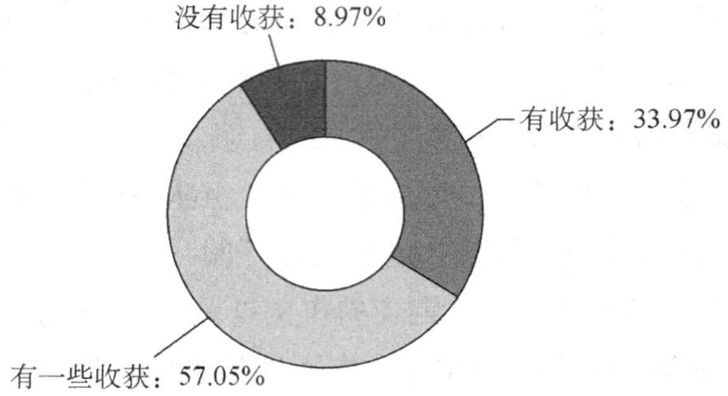

图 4　问卷调查："你认为在课堂中对自己的习作进行修改时，有更多收获吗？"

能老师讲解效果并不好。通过交换习作，同伴互相评阅，可以帮助学生换个角度来看待习作，在评阅完同伴的习作之后，往往会对自己的习作有更客观的评价。

当被问及哪种教学方式更能吸引学生参与时，最受欢迎的是沙龙式教学，其次是组建小组，以小组为单位参与课堂讨论及完成作业，这都体现了学生对于相对自由的课堂氛围及师生之间和学生之间互动的向往(见图 5)。

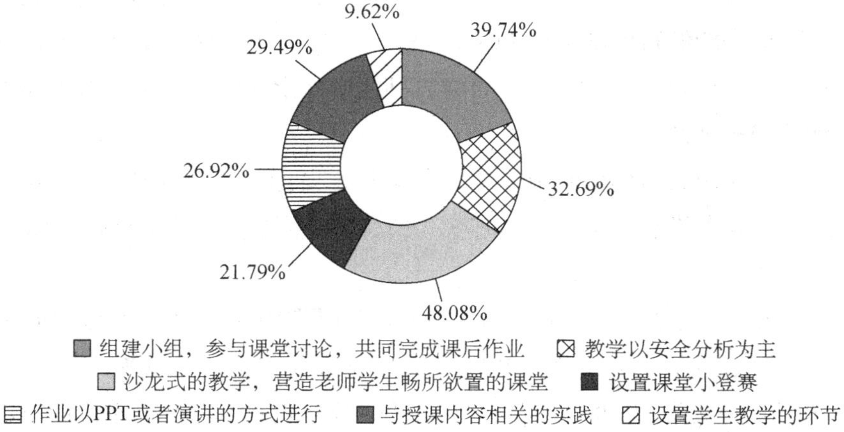

图 5　问卷调查：你认为在大学课堂哪种教学方式更能让您参与其中

调查中，有 61.54%的学生表示比较喜欢或非常喜欢以小组的形式开展课堂活动，不喜欢小组形式开展课堂活动的学生仅占 8.97%(见图 6)。实践证明，将学生分组，以小组为单位共同学习、完成作业的形式受到学生的欢迎，如果老师能够在小组的互动和作业质量上给予恰当的指导将大大提高学生的学习兴趣和效率。

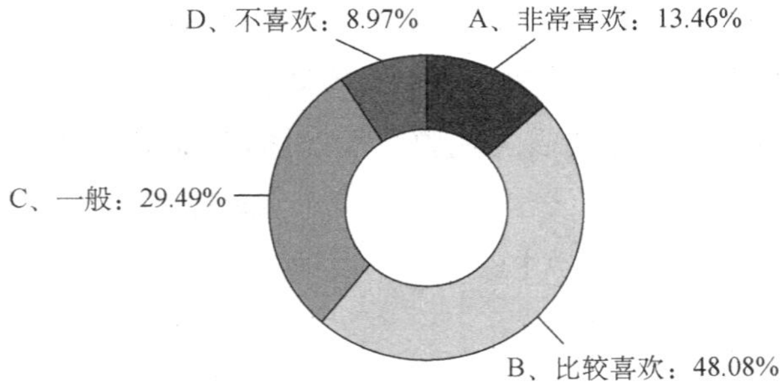

图 6　问卷调查：在课堂上你喜欢以小组形式开展各种课堂活动吗？

有 63.46%的学生表示，课堂中通过小组形式的讨论和协作学习的方式，知识掌握得更全面深入或较全面深入（见图 7）。

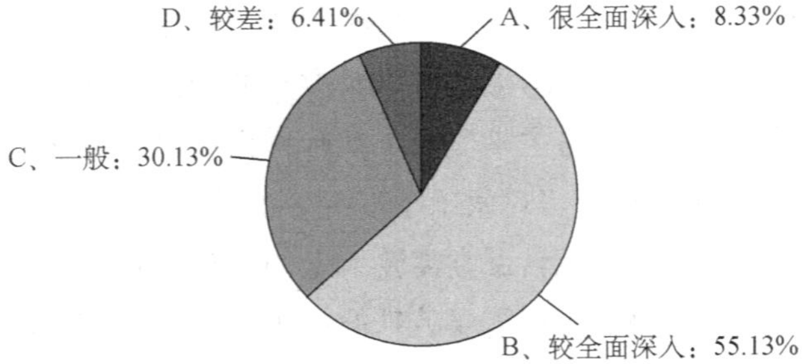

图 7　问卷调查：课堂中，通过小组形式协作学习的知识掌握得更全面深入？

最后，调查中有 52.5%的学生支持在英语应用文写作课堂中使用翻转课堂形式。考虑到翻转课堂的形式需要学生投入更多的时间，就英语应用文写作课堂来说，建议交替使用翻转课堂及传统课堂形式授课。

5　有关推动翻转课堂运用的几点建议

5.1　建立以学习者为中心的理念

为了更好地实施翻转课堂，首先应对翻转课堂的教育本质具有深刻理解，并从学校整体层面转变教育理念，从整个教学层面认识、强化以学习者为中心的理念，并将这一理念贯穿在学校的整体规划、教学理念目标、培养计划、机构设置甚至是后勤服务工作中，齐心协力培养学生的综合能力。对于“应用型”高校来说，以学习者为中心的教育理念具有更为重要的意义。为了解决学生在学校学习的知识与企业所需实践脱节的问题，就应通过建立学习者为中心的理念，运用翻转课堂形式培养学生自主学习、探索学习、团队学习的能力，真正培养“应用型人才”，提高学生的就业率及适应岗位的能力。

5.2 配套政策及技术支持

当具备了以学习者为中心的理念之后，就应当建立对翻转课堂教学模式的支持和培育政策，如建立相应的培养方案，根据翻转课堂运作特点调整课程内容及课时安排。建立多元的评价模式，一方面是对学生学习效果的评价方式进行调整，翻转课堂更重视学习的过程，要建立以形成性评价为主的评价体系，从而更好地引导学生自主学习并积极参与课堂指导；另一方面是对翻转课堂教师的评价模式也应多元化，翻转课堂对教师的知识和能力要求更高，要能够熟练地、恰当地引导学生自主学习要求教师付出更多的时间和精力，所以尤其对于翻转课堂探索初期应当对教师予以更多的辅导、支持，对于新的课程给予恰当的培育政策。另外，翻转课堂需要大量的教学资料，这些资料有些需要通过团队共同开发并共享，有些需要特殊的技术支持，所以要推进翻转课堂的发展成熟，需要提供相应的支持团队，如建立教学团队、信息团队为教师提供资料及技术上的支持，拓展学生学习的时间和空间，丰富学习资源及交互方式。

5.3 教师自身的要求

(1) 角色转变。翻转课堂强调学生的中心地位，而教师不再是知识的搬运工，而要以一位引导者出现，指导学生自主学习。这就要求教师要有准确的定位，准备好学习资料，引导学生通过自主学习、互助学习获得知识、培养能力。教师要将课堂的主动性移交给学生，但同时又要充分地把控课堂的节奏、效率及效果。

(2) 调整知能结构。教师的角色由知识传播者转为学习引导者以后，其实对教师的知识和能力结构提出了更高的要求，要根据学生基础及教学内容灵活使用同伴教学法、案例教学、基于问题的教学、小组讨论、团队工作、课堂演讲等方式，并能够把控学生的专注性和参与性，有效地促进互动和合作探索，实现知识和能力的培养，教师必须不断提升自身素养，筑建复合型知能结构。

(3) 教学反思与付出。除了角色转变和多样化的知识和能力结构构建以外，为了更好地实施翻转课堂，教师还必须不断进行理性的审视和反思，阶段式地改进教学方法的应用。另外，翻转课堂的教学设计更为灵活，学生的情况不同、班级氛围不同、学生提出不同的问题都可能将讨论引向无法预料的方向，所以翻转课堂要求教师要付出更多的时间精力，准备更多的教学方案并不断进行调整。同时，学生一直以来已经适应了传统课堂的教与学，学习中就会相对被动，而翻转课堂有时需要学生付出更多的时间和精力，难免学生会出现惰性，所以在翻转课堂中也要保证教学的灵活性，尤其在探索阶段，可以采用传统课堂及翻转课堂交叉开展的模式，或者多给学生正面积极的反馈和鼓励，帮助学生适应不同的学习模式。

参考文献

[1] 陈会源.基于微视频的翻转课堂教学模式研究[D].山东师范大学，2015.

[2] 陈晓菲.翻转课堂教学模式的研究[D].华中师范大学，2014.

[3] 陈晓平.传统教育模式被翻转的端倪——"翻转课堂"在成人高校商务英语写作中的实践与体验[J].中国成人教育，2013(10).

[4] 陈怡.基于混合学习的翻转课堂教学设计与应用研究[D].华中师范大学，2014.

[5] 邓笛.翻转课堂模式在大学英语教学中的应用研究述评[J].外语界，2016(4).

[6] 丁建英，等.翻转课堂研究及其教学设计[J].中国教育技术装备，2013(21).

[7] 董辉.翻转课堂研究及思考[J].边疆经济与文化，2013(5).

[8] 高俊虹.翻转课堂降低远程学习者英语写作焦虑的应用研究[J].海外英语，2013(12).

[9] 韩丽珍.翻转课堂在我国发展的瓶颈及路向选择[J].江苏广播电视大学学报，2013(2).

[10] 何克抗.从"翻转课堂"的本质看"翻转课堂"在我国的未来发展[J].电化教育研究，2014(7).

[11] 霍美丽.微视频支持下的翻转课堂教学模式在计算机基础教学中的应用研究[D].重庆师范大学，2016.

[12] 李成恩.基于微信公众平台的翻转课堂教学模式在高等教育中的应用探究[D].重庆师范大学,2015.
[13] 李凑,刘赣洪.翻转课堂教学模式应用的 SWOT 分析[J].中国教育技术装备,2013(3).
[14] 李桂霞,等.构建应用型人才培养模式的探索[J].教育与职业,2005(20).
[15] 刘晖.从《罗宾斯报告》到《迪尔英报告》——英国高等教育的发展路径、战略及其启示[J].比较教育研究,2001(2).
[16] 刘焕阳,韩延伦.地方本科高校应用型人才培养定位及其体系建设[J].教育研究,2012(12).
[17] 刘清怡."翻转课堂"在语文教学中的运用[D].山东师范大学,2015.
[18] 马秀麟,等.大学信息技术公共课翻转课堂教学的实证研究[J].远程教育杂志,2013(1).
[19] 潘懋元,石慧霞.应用型人才培养的历史探源[J].江苏高教,2009(1).
[20] 钱国英,等.本科应用型人才的特点及其培养体系的构建[J].中国大学教学,2005(9).
[21] 孙俊文.基于翻转课堂的教育游戏设计研究[D].云南大学,2015.
[22] 王彩霞,刘光然.翻转课堂优化中职课堂教学探析[J].职教论坛,2013(6).
[23] 王红,等.翻转课堂教学模型的设计——基于国内外典型案例分析[J].现代教育技术,2013(8).
[24] 汪霞.课程开发的过程模式及其评价[J].外国教育研究,2003(4).
[25] 汪霞,崔映芬.将学生可雇佣性培养融入课程:英国经验[J].高等教育研究,2011(3).
[26] 吴仁英,王坦.翻转课堂:教师面临的现实挑战及因应策略[J].教育研究,2017(2).
[27] 吴中江,黄成亮.应用型人才内涵及应用型本科人才培养[J].高等工程教育研究,2014(2).
[28] 徐同文,陈艳.英国大学应用型人才培养机制探析及启示[J].高等工程教育研究,2013(4).
[29] 杨春梅.当代英国大学课程改革研究[J].比较教育研究,2004(4).
[30] 曾玲晖,等.基于卓越教学视角的大学应用型人才培养模式研究[J].高等工程教育研究,2016(1).
[31] 张翠英,温卫中.地方院校应用型人才培养模式研究与实践[J].黑龙江高教研究,2013(2).
[32] 张国荣.基于翻转课堂的《大学计算机基础》课程改革新思路[J].大学教育,2013(13).
[33] 张金磊,等.翻转课堂教学模式研究[J].远程教育杂志,2012(4).
[34] 张金磊,张宝辉.游戏化学习理念在翻转课堂教学中的应用研究[J].远程教育杂志,2013(1).

[35] 张萍，等.翻转课堂的理念、演变与有效性研究[J].教育学报，2017(1).
[36] 钟晓流，等.信息化环境中基于翻转课堂理念的教学设计研究[J].开放教育研究，2013(1).
[37] 朱宏洁，朱赟.翻转课堂及其有效实施策略刍议[J].电化教育研究，2013(8).

基于批判教育学理论的英语教学反思

上海立信会计金融学院外国语学院　郑　姬

摘　要：百年来的外语教学一直倾向于用教学方法来解决教学中出现的种种问题。但方法却远不足以解决教学中所出现的种种实际问题。本文基于批判教育学理论，对方法的现代主义本质进行批判，从反对实证论、进步论与不平等权力关系三个角度出发指出方法概念上的局限性，并对后方法理论做了介绍。文章最后指出批评教育学理论对我国大学英语教育的影响。

关键词：教学法；后方法；批判教育学

百年来，外语教学是以不断寻求一种新的教学法为特征的。因此在解决语言教学中所遇见的问题时最常见的解决方案就是采取一种新的方法。从百年来外语教学方法的演变中我们似乎可以看到一种直线式的渐进模式，即一种方法产生，在实际运用中出现问题，于是最终被一种更好的、更先进的方法所取代。如此众多的方法对处在教学前沿的教师而言有多大的指导意义呢？教师在实际教学中发现，所处的环境复杂多变，没有一个教学法能提前设置好一系列教学过程来告诉教师们如何去应对。最好的教学法存在吗？

1　对方法(method)概念的批评

在20世纪80年代末90年代初的国外外语教学界，方法这一概念就开始受到了质疑与批评。批评主要集中在以下几个方面(Richards和Rodgers，2001)：

(1) 方法这一概念自上而下对语言教学产生约束，教师作用被淡化，成为机械的方法执行者。

（2）方法这一概念忽略了环境背景因素的作用。

（3）不少方法缺乏实践研究基础：许多教学法的提出是建立在对学习理论与语言理论作出假说论断的基础上的，如任务基础教学法所建立的学习理论基础就是建构主义理论，合作法的学习理论基础是建构主义与社会学习理论。

（4）不同教学法却往往导致课堂实践的相似性。

但是，有关各类教学法的讨论层出不穷，究竟是什么原因使得人们对教学法如此热衷与执着？批判教学法从本质上给我们提供了问题的答案。

2 批判教育学(critical pedagogy)对方法的批判

2.1 批判教育学简介

批判这一概念学者们已是非常熟悉了。批判理论（或称批评理论）与源于批判理论的批判语言学乃至批判语篇分析向来是学者们热烈探讨的话题。它的奠基人是巴西著名教育家 Paulo Freire。作为一个“被压迫者的教育家”，Freire 坚定地认为教育是政治行为，是意识形态的（ideological）产物，而教育所传授的知识，也是为一定阶层的利益性服务的（interested knowledge）。如果忽视了教育的政治性，教育就会为统治阶层利益服务从而复制社会不公平。因此教师需要唤醒学生的意识，让他们认识到社会、政治与教育中的不公平并帮助学生挑战不公平现象。这样的话，学生相信他们能够而且应该通过消除社会、经济与政治中的不公平现象，让世界成为更好的所在。批判教育学，顾名思义，就是批判理论在教育教学领域的实践。在 TESOL（Teaching English to Speakers of Other Languages）领域，批判教学者们认为语言的教与学都是政治的过程。语言不仅仅只是表达与交流的方式，语言也是语言学习者们用语言建构着理解自身、社会环境、历史与未来的方式。与此同时，这些方式也建构着语言。（Norton 和 Toohey，2004）

2.2 批判教育学对方法的批判

首先，批判教育学对以现代主义理论为落脚点的实证论提出质疑。实证论以实验分析法、标准化、量化分析法为工具，验证知识的客观与普遍性。这是批判理论所坚决反对的。批判教学法对“方法”的批判，就是对实证主义、对所谓的科学性的批判。批判教育学认为：长期以来，人们乐此不疲地追求一种最有效的教学方法，将教学中出现的问题皆归咎于教学法的陈旧与不适应，认为教学问题一律可以用一种更好的方法来解决，这是对实证论的过度信赖所导致的，这样必将导致技术凌驾于理论之上。而从批判的角度看来，所有的知识都是具有利益性的，都是为特定阶层与群体利益所服务的，因此，不存在普遍的与客观的知识，也不存在适用于一切的最完善的教学法。语言教学的最终目的就是知识的传授，既然我们知道所有的知识都是为一定利益服务的，因此这就决定了语言教学法不可能具有科学的中立性，所有方法都是具备利益性的。认为教学中所有出现的问题可以通过寻求一种更好的教学法来解决，这种思想其实就是教育中实证论的体现，将方法的作用主观夸大，从而忽略了教学中其他的重要因素。

其次，现代主义者与方法的推崇者们将知识的积累视作是一种直线性的、进步的过程，从无到有，从不完善到完善，因此一个更好的方法总能取代前一个方法。那么这种进步式的方式是否真的有据可寻？如火如荼的交际教学法难道真的就是知识积累到一定阶段自然产生的最先进的教学方式？以历史来说话。交际教学法的产生是由于人们对语言教学中过度重视语法结构的教学方式的不满所引起的，是对语法翻译法的重大反思。交际教学法关注语言意义(meaning)的表达与使用(use)，而不是语法形式(form)与结构(structure)。但早在20世纪早期，语言教学领域就已经产生过从重视语言使用到重视语言结构的转变。也就是说，我们又开始另一个循环，而交际教学法也绝不是前无古人的新鲜事物。历史也就是这样的循环往复。我们如今所热烈讨论的话题很可能远在几百年前就被深入研究过。在这种情况下，理论的进步主义模式被打破，理论的发展其实并不是直线的渐进过程，而是一种循环的变化。一种全新教学法往往只是穿上了一件新的外衣，从而掩盖住了本质上的相似之处。

最后，现代主义的西方中心说是一种权力关系的体现，西方的知识被看作是先进的知识，西方的方法被认为是普遍适用于东方世界的最好的方法。方法反映了对世界的一种特定的观感，维护了不平等的权力关系(Pennycook，1989)。通过对来源于西方方法的维护，教育者们有意无意地在维持着这不平等的权力关系。此外，作为课程设置的一部分，方法对教师、学生自上而下地产生约束，方法的制订者(学术界)与执行者(教师与学生)之间也必然存在不平等的关系。在方法这一概念的约束下，教师与学生的主动性被忽略。何谓好的教学？显然，好的教学似乎是只要正确使用教学方法就足矣。在这种情况下，教师和学生的作用、教学活动的类型以及教学手段都不同程度受到限制。教师作用被淡化，成为机械的方法执行者，其作用不过是将预先制定好的步骤方法加以实施罢了。而学生，也成为这些方法的被动接受者，被动地接受一些教学活动与训练。

3 批判教育学与后方法带给我国大学英语教学的启示

巴西教育学家 Freire 的批判教育学是在巴西社会政治背景下提出的“被压迫者的教学法”。批判教育学植根于后现代主义，强调教育的政治性，反对现代主义所标榜的知识的客观普遍性，反对西方中心说所构建的权力关系。它又给我国大学英语教学带来怎样的启示？笔者认为，以下两个方面值得我们考虑。

3.1 英语教学研究问题

谈到后方法就不得不首先想到我国目前的大学英语教学。近年来，有关英语教学法的问题讨论在我国各类期刊上层出不穷。许多讨论集中在如何改善“哑巴英语”问题上。于是，“传统”的语法翻译法成为众矢之的，而“先进”的交际教学法成为主导教学成败的决定力量，深刻影响着世界语言教学的各个层面。但交际法真的可以解决教学中的问题吗？让我们来听听不同的声音：在中国，Yu(2001)就指出教师与学生对交际法有相当大的抵触；在韩国，Li(1998)经过长期观察研究后发现交际法所带来的困难比想象中要多得多；Bax(2003)则更加激进，在对交际教学法在各国的现状讨论之后，他认为交际教学法已走到末路，应该彻底地被背景教学法(context approach)取代。可见交际法并非是解决问题的良药。鉴于此，有些学者提出折衷法与综合法。但折衷也好，综合也罢，不外乎将几种方法取其“精华”糅合到一处，归根结蒂没有逃脱“方法”二字。我们为什么不能从方法的禁锢中解脱出来？批判教学法与后方法理论明确告诉我们最好的方法是不存在的，方法也绝不是决定教学成败的关键。我们为什么不把教学重点由方法转移到别的决定课堂教学的成败如社会需求、文化背景、经济需求、政治需求等重要因素上去？这样一来，我们的研究视野必将开阔很多。

3.2 权力话语下的世界英语

世界英语近年来一直是国际学术界热烈争论的话题。早在 1984 年，TESOL 界两位泰斗英国的 Quirk 爵士与美籍印度裔 Kachru 教授就英语的标准问题展开激烈争论。如今，这场辩论已尘埃落定，越来越多的人相信英语已不再仅仅是母语国家的语言。这样一来，世界英语这个新概念也就应运而生。

对一个论题的深入讨论，研究者们往往从不同角度出发，采用不同的分析手段。Bolton(2005)曾详尽地就世界英语研究归纳出包括语言本体研究、语料库语言学、社会语言学等 11 种分析工具，这里就不详述。作为世界英语的组成部分，有关中国英语的研究不时见诸国内各大外语类学术期刊。纵观各类相关文献，对中国英语研究多集中在语言本体如有关词汇、音位与语篇等实践性研究。但对世界英语的研究，在理论方面还有许多未尽的工作。批判教学法与后方法所揭示的权力关系，对中国英语的理论研究提供了不同的分析工具。

权力关系也不会停止在英语课堂的门外。批判理论为英语教育领域的权力关系做了非常深刻与重要的揭示。批判教育学告诉我们权力不是永恒的，在特定的历史时期内，权力的拥有者们不断重申强化他们的权力而另一方则试图夺取权力。这已经构成社会生活一个基本方面。权力始终在社会斗争过程中被赢得、使用、维护或丧失。

如今英语的国际语言地位已达成共识。而作为国际语言，世界语言首先就是“独立的语言”。独立，就是指没有一个国家能够宣称对它的绝对拥有权。英语不再仅仅是以英语为母语国家人民的语言，而是属于所有使用它的人。在这种背景下，如何处理语言与文化的关系变得尤为重要。我们在权力话语下再来看看英语教学中文化内容的选择。

先看看我们大学英语综合教程。我们发现所有单元课文均选自于英美原版读物，而各类教参上的文化介绍也绝大多数是对英美文化背景的介绍。对此，有人辩解是跨文化交际的需要。什么是真正意义上的跨文化交际？跨文化交际难道就必须意味着单方面的文化输入？批判教学法对权力关系的揭示提醒我们在教材中适当增加中国文化的内容，为什么不可以用英语开设中国文化的课程？我们用英语了解世界，更重要的是，我们要用英语传播我们的思想与文化，从而让世界了解我们。如果我们一味地在教材中灌输英美文化，其实就陷入自我边缘化的困境。

我们再来看看在权力话语下推行世界英语教学的必要性。我们知道大学英语的教学目标是“培养学生英语综合应用能力，特别是听说能力，使他们在今后工作和社会交往中能用英语有效地进行口头和书面的信息交流，同时增强其自主学习能力、提高综合文化素养，以适应我国经济发展和国际交流的需要”。大学英语的学习目的是提高学生综合文化素养与进行国际交流的能力。综合文化素养的培养，当然不能只包括英美文化，而国际交流，也绝不仅仅只是与英美等母语人士之间的交流。实际上，在英语交流中，有 80%是在母语为非英语的人士之间展开的，而英语作为二语或外语的使用者人数将大大超出母语人数。

当我们站在国际舞台上，与我们进行英语交流的同样也包括相当多的非母语人士。明显地，以英美英语为主导的单一模式实际上已不能适应学生的需求、社会发展的需求，而将世界英语纳入中国英语教育体系，使学生得以接触不同的英文表达方式，将是英语教学改革需要考虑的一个重要课题。

有关世界英语的教学模式，我们可以参考南美智利的英语教育。智利教育部推荐公立学校使用一本 *Go For Chile* 的教材。该教材以一群来自各个国家的学生为主角，这些学生共同乘坐一条沿智利漫长的海岸线行驶的轮船。在教材中以智利的地理地貌和当地文化为主题，对学生们进行民族文化教育。同时，来自不同国家的学生虽然共同使用英语作为交流语言，但是他们使用的并不是所谓标准的、原汁原味的美式英语或者英式英语，而是带有本国特色的英语（Mckay, 2003）。在批判教育学与后方法的权力关系下，对中国英语与世界英语的研究中，在理论高度将包括中国英语在内的世界英语放在与英美等母语英语对等的舞台上。

4 结语

通过百年来英语教学方法的发展史可以看到仅仅在教学方法上的研究并不能解决教学中的实际问题，因此人们对方法的不满日益增加。批判教育学理论对方法这一概念进行质疑，指出对方法的反实证论与西方权力中心说的属性，进一步指出教学法研究已不是主宰教学成败的关键。批判教育学对我国大学英语教学有不可忽视的理论意义。

参考文献

[1] BAX S. The end of CLT：a context approach to language teaching[J]. ELT Journal，2003(57).

[2] BOLTON K. Where WE stands：approaches，issues，and debate in world Englishes [J]. World Englishes，2005(24).

[3] LI D. "It's always more difficult than you plan and imagine"：Teachers' perceived difficulties in introducing the communicative approach in South Korea[J]. TESOL Quarterly，1998(32).

[4] MCKAY S. Teaching English as an international language：the Chilean context[J]. ELT Journal，2003(57).

[5] NORTON B，TOOHEY K. Critical pedagogies and language Learning [M]. Cambridge：Cambridge University Press，2004.

[6] PENNYCOOK A. The concept of method，interested knowledge，and the politics of language[J].TESOL Quarterly，1989(23).

[7] RICHARDS J，RODGERS T. Approaches and methods in language teaching[M].2nd ed. Cambridge：Cambridge University Press，2001.

[8] YU L. Communicative language teaching in China：progress and resistance[J].TESOL Quarterly，2001(35).

改进 PRETCO 测试体系，增强考试的正面导向作用

上海立信会计金融学院外国语学院　杨　芹

摘　要：本文主要针对高职高专英语教学中存在的对高等学校英语应用能力考试（PRETCO）重视不足的现状来论述发展和完善该测试体系的必要性；同时，作者在如何发展和完善该测试体系从而增强考试对于教学的正面导向作用乃至对于社会的影响力方面提出了自己的设想，希望该项测试的完善能够进一步推动高职高专英语教学，提高高职高专英语教学的实效。

关键词：高职高专英语教学；高等学校英语应用能力考试；考试导向作用

1　引言

自 2000 年高教司颁布《高职高专教育英语课程教学基本要求》（以下简称《基本要求》）以来，我国的高职高专英语教学改革进入了成熟阶段。配合《基本要求》，2001 年高等学校英语应用能力考试（PRETCO）出台了。时至今日，这项考试的规模、影响不断扩大，仅 2005 年 12 月的考试就有 27 个省市的 1 342 284名学生参加。然而，由于各种原因，该测试的社会认知度和影响力不仅远远不能和大学英语四、六级考试（即 CET 4、CET 6）相提并论，而且在社会上众多的英语考试中，它也显得默默无闻。鉴于此种原因，很多高职高专的学生放弃正常的英语课程学习而一心准备考大学英语四级。笔者针对上海济光职业技术学院的学生做过抽样调查，90％以上的学生最想通过的考试是大学英语四、六级，而在高职高专院校中最“名正言顺”的 PRETCO 考试却榜上

无名。作为检测高职高专英语教学效果和评定高职高专学生英语应用能力的PRETCO考试，处于一个较为尴尬的地位。下面本文将论述PRETCO考试在高职高专英语教学中的重要性以及在如何增强其正面导向方面的一些设想。

2 PRETCO考试在高职高专英语教学中的重要性

第一个问题，为什么要考试？听起来似乎是很简单的问题。根据Hughes(1989)的说法，考试是为教学服务的，考试是为了检测教学的效果，同时发现教学中的不足，为改进教学提供参考。简而言之，就是"教什么，考什么"。但在我们的国家，情况有些不同。我国有重视考试结果的传统习俗，考试对教学有直接的导向作用。考试是教学的指挥棒，正所谓"考什么，教什么"。反过来的说法也同样成立，那就是"不考什么，就不教什么"。中国学生，尤其是学习基础相对较差的高职高专学生，他们学习的外部动机远远大于内部动机(李锐2007)，因此，通过考试来促使其积极学习的作用不可忽视。如果没有相应的设计科学的、有良好的导向作用的考试，《基本要求》就无法得到贯彻，我们也无法确定我们的教学效果是否达到了预期的目的。

第二个问题，为什么我们提倡高职高专学生参加的考试是PRETCO？原因如下：

首先，PRETCO考试的内容设计符合《基本要求》规定的高职高专教学的基本原则之一：实用为主。《基本要求》强调的是英语运用能力的培养，而且可以"急用先学"，讲究实效性和实用性，体现教学目标短期、直接的特征。与CET测试相比较，PRETCO测试体系针对学生的知识结构和能力结构，更着重语言知识在真实情景中的综合应用，它把对语言能力的测试融入一定的工作背景或任务当中。相反，针对普通高校本科生的英语教学目标具有长期、间接的特征，因此大学英语四、六级考试主要考查的是考生的语言基本功(杨永贤，2004)。如果以大学英语四、六级考试来代替PRETCO考试，教师和学生必然都会将主要精力放在追求更高难度的语言知识和更具综合性的语言素质上，而忽视更具实效性的应用能力的训练。

其次，PRETCO考试的难度符合高职高专教学的基本原则之二：够用为度。虽然不否认个别英语基础较好的学生的存在，但总体上而言，高职高专的学生英语基础是较差的。在这个前提下，关键是一定要学以致用，正所谓“学一点，会一点，用一点”(金彩萍，2007)。教师有责任根据学生的实际水平和需求，帮助其树立切合实际的外语学习目标，获得成就感，激发其学习的兴趣。(李锐，2007)

最后，CET 考试尚不能够准确测量学生的英语综合应用能力。CET 考试的效度历来受到许多大学教师和测试专家的批评。也就是说，CET 考试不能够达到它所宣称的目的。如蔡基刚(2007)认为，“四级考试根本不能有效测试说、写、译能力”；韩宝成、戴曼纯、杨莉芳等(2004)认为，“(四、六级考试)为求信度而牺牲效度”“不能有效测出《大纲》所规定的交际能力”等。可见，我们不仅不能在高职高专中直接挪用 CET 考试体系，甚至对于一些英语基础较好的学生，我们也不见得就鼓励他们一定要通过大学英语四级。

3 改进 PRETCO 测试体系，增强考试的正面导向作用

如果考试既能反映教学效果，又能推动教学，还能得到社会的认可，那么这样的考试自然会受到教师和学生的欢迎。下面笔者将针对该测试存在的问题和不足提出自己的建议和设想。首先我们来看 PRETCO 测试体系存在的不足：

(1) 未设口语测试。《基本要求》明确指出，高职高专英语教学的目的是“经过 180～220 学时的教学，使学生掌握一定的听、说、读、写、译的能力……”。而实际情况是，PRETCO 不考查口语表达能力。正如大学英语四、六级考试所经常被指责的一样，一项声称考查语言应用能力的考试不含口语测试，其权威性从何而来？这样造成的结果就是，虽然许多学生通过了 B 级或 A 级的考试，但他们依然无法开口讲一句完整的英语。

(2) 写作部分的分数权重过低。写作是最能全面体现考生水平的一个测试项目，而且 PRETCO 考查的是便于模拟写作但又非常实用的应用文，考查范围来自《基本要求》中所附的“交际范围表”。无论从构想效度、内容效度还是表面效度来看，这一部分的设计都是合理的，但问题就出在这一部分的分值在总分中所占比例过低，从而影响了试卷的整体效度。只要学生在阅读理解

部分和词汇语法部分发挥较好，写作部分甚至放弃不做都可以通过考试。这对鼓励学生写作、提高其写作能力显然是非常不利的。

（3）翻译部分的效度不高。正如考查口语一定要让考生开口说话、考查写作一定要让考生进行书面表达一样，要考查笔译能力，最简单有效的方法莫过于直接让考生进行两种语言的文字转换了。然而，或许是出于信度的考虑，PRETCO 翻译部分的 61～64 题居然也采用了分析性的客观题形式。这四道题目的题干分别为四个孤立的英语句子，后面跟着分值从 0 到 2 不等的中文翻译作为选项。即使不看原句，随便勾一个选项也有 75%的得分概率。另外，这一部分只考查英译汉，没有汉译英，因此不能全面衡量考生的翻译能力。所以在现在的高职高专英语教学中，翻译训练也没有得到应有的重视。

总的来说，PRETCO 在考查说、写、译三方面的不足给高职高专的英语教学带来了许多负面的导向作用。针对以上不足以及目前高职高专院校中存在的整体上不够重视该测试的倾向，笔者有以下的建议和设想：

（1）增设口试。没有口试，不能算一个完整的语言测试体系。令人欣喜的是，2005 年 6 月以来全国高职高专英语课程教学指导委员会和全国高等学校应用能力考试委员会在个别考点利用计算机辅助考试（CAT）的形式试行了 PRETCO 的口语测试。我们期待着口试的进一步发展和完善最终使得它能惠及每一所高职高专院校的学生。

（2）通过增加写作部分分数的权重来突出写作的重要地位。我们可以采用分数加权的办法。比如，在 PRETCO 考试中，词汇和语法部分的考查点不必减少，但其原始附分可以赋予较小的权重，而写作部分的原始附分则赋予较大的权重。

（3）翻译部分加入汉译英，并且所有的题型都采用主观题型。

（4）增加该测试体系的社会权重，将该英语测试社会化、市场化。可行的方法是与劳动就业部门合作，改革现有的 PRETCO 测试体系，确认 PRETCO 证书为从业就业的必备证书之一。这一方面有利于社会资源的优化利用，另一方面也符合教育部提倡的“双证书（即学历文凭和资格证书）制度”的要求。

4 结语

自 2000 年《基本要求》颁布以来，我国的高职高专英语教学改革取得了不少进步，我们希望与之相配套的高等学校英语应用能力考试(PRETCO)能够进一步完善 A、B 两级笔试和口语考试标准，使之更加符合国家对高职高专层次人才实用英语能力的检测方向，并且能够充分发挥测试对教学的正面导向作用，增加测试的社会影响力。我们建议有关部门在广泛调查研究的基础上，总结、分析和改进 PRETCO 测试体系。同时，我们呼吁高职高专的英语教育工作者们齐心协力，在"实用为主，够用为度"的教学原则指导下，认真研究教学方法，积极培养学生的英语应用能力，真正提高高职高专英语教学的实效。

参考文献

[1] 教育部高等教育司.高职高专教育英语课程教学基本要求(试行)[M].北京：高等教育出版社，2000.

[2] 教育部《高等学校英语应用能力考试大纲》制定组.高等学校英语应用能力考试大纲和样题[M].北京：高等教育出版社，2000.

[3] 李锐.高职高专学生外语学习动机缺乏的原因探析和解决对策[C].//尹扬帆.中国高校英语教学与研究.上海：复旦大学出版社，2007：160-167.

[4] 杨永贤.谈高职英语教学引入行业资格考试的教学原则和方法[J].成都教育学院学报，2004(9).

[5] 金彩萍.如何挑选高职高专英语教材？[C].//尹扬帆.中国高校英语教学与研究.上海：复旦大学出版社，2007：181-185.

[6] 韩宝成，戴曼纯，杨莉芳.从一项调查看大学英语考试存在的问题[J].外语与外语教学，2004(2).

[7] BACHMAN L. Fundamental considerations in language testing[M]. New York: Oxford University Press, 1990.

[8] DORNYEI Z. Teaching and researching motivation [M]. Beijing: Beijing Foreign Language Teaching and Research Press, 2005.

[9] HUGHES A. Testing for language teachers[M]. Cambridge: Cambridge University Press, 1989.

论跨文化视阈下建立和增强“文化自信”

上海立信会计金融学院外国语学院　承　华

摘　要：本文指出在一个国际化和日趋全球化的社会中国建立文化自信的必要性，指出社会主义核心价值观是建立文化自信的基础，价值观自信和文化自信是相辅相成的。文化的传播力影响了文化的自信心和竞争力，在文化传播中要争取文化认同。文章还分析和探讨了建立文化自信的策略并提出了对策建议。

关键词：文化自信；价值观自信；文化认同；文化传播

习近平总书记在十九大报告中提出，要坚定文化自信，推动社会主义文化繁荣昌盛。在一个国际化和日趋全球化的社会里，文化作为一种软实力，其作用已经被广泛认可，并受到越来越多国家的重视。中国文化资源丰厚，几千年的文明史使中国文化资源有着无与伦比的优势。但是不可否认，中国运用文化资源的能力较弱，对中国传统文化思想精华的自信、领悟和传承还不够，文化的对外影响力也不强。文化的传播力影响了文化的自信心和竞争力，当国家提出提高中国文化的软实力，让中国文化“走出去”“让世界了解中国”“讲好中国故事”的同时，学界应该思考中国文化走出去的壁垒究竟何在？

1　“文化自信”建立的基础

一个国家的文化要在国际社会广为流行并得到普遍认同，那么首先就要在国内社会为公众所广泛认识和深刻内化。中国自身对于中华文化的自信和珍惜是我们屹立于世界文明之林的基础，我们可以从宏观和微观的角度进行思辨和理解。

首先,文化自信是建立在对本国优秀文化的历史渊源、发展脉络、基本走向的清晰了解的基础上的。我们要有这样一种认识,即中华文化是一种先进的文化,中华文明对世界文化做出了重要的贡献。周宁教授指出中国文化对世界文明的贡献主要体现在以下三个方面:"一是在公元第一个一千年创立了覆盖整个东亚、远播南洋与塞北的华夏文化圈;二是在第二个一千年启发了西方的现代文明,为现代性的确立、现实主义的超越提供了文化灵感;三是为整个东亚的现代化提供了儒家文化资源,并完成中华文化自身从衰落到复兴的艰难历程。"可见,中国文化在不同的历史阶段以不同方式参与构筑塑造了世界文化。"中国的文化形象蕴藏着巨大的'软国力',其知识体系、意识形态、社会制度显示出的优势,具有广泛深刻的影响力,而且在世界现代化历史上已经形成了一种传统。"对于我们国家和民族的文明成果,我们不能妄自菲薄,认为"外国的月亮总是比中国圆"。

综观中西文化的交流史,这两种不同文化一直在不间断地相互审视和解读、学习和借鉴,这是一个不断"分裂"和"凝聚"的过程。西方启蒙时代欧洲盛行"中国崇拜""中国模仿",中国几乎成为西方文化的乌托邦;随着西方的工业革命打破了世界的平衡,中国开始落后停滞,西方的强权地位不断巩固膨胀,中华文化成为一个"他者",成为西方文明耀武扬威的"客体";进入 20 世纪以来,红色中国在各方面取得了巨大的进步,"中国道路""中国和平崛起"让西方惊慕,中国的不断强大也成为西方学者"文明冲突论"的佐证,中华文明被他们视为对西方文明的威胁。中国对外来文化的认知则经历了从闭关锁国到盲目崇拜、从"全盘西化"直至有选择地吸收、兼容并蓄的过程。

其次,只有价值观自信才能增强文化自信,价值观自信和文化自信是相辅相成的。核心价值观是一个民族、一个国家的精神追求,也是一个国家国民的价值取向。缺乏价值观追求和价值观引领的国家如同丢失了自己的立国之本,也难以得到国际社会充分尊重。一个国家拥有能为国民和世界接纳的核心价值观,就能够在世界文化激荡中站稳脚跟,就能够避免被外界误读和误解,容易获得其他国家的认同,从而提升国家的文化影响力。中国要成为一个文化大国,首先要有自己一套独立的核心价值观,还要积极引导国际价值观,不能照搬西方的价值观。习近平同志指出,中华优秀传统文化是涵养社会主义核心价值观的重要源泉，中国优秀传统思想文化体现着中华民族世世代代在生产生活中形成和传承的世界观、人生观、价值观、审美观等，其中最核心的内容已经成为中华民族最基本的文化基因。当今中国处于社会转型期和价值观多元时期，改革开放解放了生产力，极大地提高了人们的物质文化生活水平，但也使一代中国人特别是年轻人面临伦理文化和价值观认同的困惑和缺失，从对“老人摔倒后扶不扶”的讨论到“宁愿在宝马车里哭，不愿在自行车上笑”现象的社会反响，这代中国年轻人不可避免地受到席卷全球的消费主义、享乐主义、拜金主义的影响，接触到的是各类媒介对财富的宣扬和崇拜，而“教科书向他们灌输的依然是带有毛泽东时代印记的集体主义和革命理想主义价值观”，他们必然感到无所适从和价值观、信仰的缺失。我们可以从中国优秀的传统文化，如儒家学说和“仁”的概念、“和合”等思想中吸取养料构建文化价值观，但不可否认的是对于这代年轻人中国传统文化的教育也是缺失的，他们有人对中国传统文化所知甚少，不感兴趣。现实阶段传统文化中的某些要素并没有有机地融入主流价值观中也没有被社会大众尤其是年轻人所接受，所以我们要对中华优秀文化价值理念进行深入研究和阐发，结合新时期新形势进行重新诠释，对内宣传的手段和方式也要有所创新，避免大而空，要运用活泼生动的宣教方式使价值观深入人心。价值观要成为一种信仰还需要和社会实践的互动，它不是说出来的，而是植根于社会伦理风气，反映在社会行为体系。建立具有统摄性作用的核心价值观并得到公众的认同是一个艰巨的过程，有学者建议，“现实的路子是借鉴西方价值，融合中国传统的优秀价值和现代人文精神，进而构建起对中国国际话语体系具有统摄性作用的核心价值观”。

2 从“文化自信”到“文化认同”

作为一个责任大国，中国一直是“和谐世界”的积极倡导者，但是世界的某些领域并不和谐。当今世界面临着两大风险：一个是大国间对抗的风险，另一个是文化和民族身份丢失的风险。要化解这些风险，就需要软实力创造性地介入，文化软实力是让不同政治理念的国家找到共同点的领域，通过加强文化交流、互动、对话来消除误解和达成认同。

随着中国综合国力的不断增强，中国在和世界的交流中看到了自身文明存在的价值，越来越多的中国人举起传承和升华中华优秀传统文化的旗帜，站在自信和珍惜的角度审视本国文化，认识到中国拥有悠久的传统文化和灿烂的现代文明，可以而且应该为世界的文明和谐做出应有的重要贡献。"中国道路""中国速度""中国机遇"引起了国际社会的广泛关注，也产生了一些疑虑和担心。通过中华文化的传播与中外文化的互动，把中国的文化理念传播给世界，让世界认同中华文化并分享"中国智慧"，能够促进中国与其他国家人民间的互信与合作，积极引导外界客观、全面、立体地认识当代中国，让国际社会感受到中国更加亲近世界的诚意，所以中国政府已经把对外传播中华文化上升到国家战略的高度。

文化认同不是指某种文化盲目自信、一家独大、唯我独尊，或者以某种文化为中心，它是一个由多元文明组成的网络，不同文明在此网络中互相尊重、互相沟通；在这样一个网络中，不同文化可以建立起新的链接，产生新的想法，在一个互动交流的过程中达到相互和解、相互学习、共同进步。文化多元性是全人类的权利，文化多样性则是每个民族不可剥夺的权利。现在中国的青年一代受西方文化尤其是美国文化影响很深，他们爱看美剧、追逐美国篮球明星，我们要让年轻人知道：这个世界是丰富多彩的，不应该只有一种文化，或者一种文化统治其他文化。现在世界上的很多冲突有的是由于政治与经济上的利益争夺引起的，更多的是因为文化和思维方式的不同，导致人们不能相互理解以致对抗与暴力频发。文化多元性及多样性应该成为时代前进的动力而不是冲突分裂的原因，所以我们要接受多元文化，坚持文化对话的理念，通过文化更好地沟通，消除分歧。虽然中国文化的先进性和对世界的贡献有目共睹，但要得到国际社会受众的认同还需要一系列从理论到实际站得住脚的学术阐释。从对"中国威胁论"的批驳到对"中国贡献论"的佐证，话语要得到受众的认同，必须有坚实的理论学术体系为支撑。西方社会习惯通过分析、逻辑推理和辩论出真理，而我们这方面就显得比较薄弱，信奉"事实胜于雄辩"，在中国国际话语的逻辑论证和系统阐释方面缺乏一套自身的理论和辩驳体系，也没有得到西方学术界的认可。

我们还要看到西方文化长期处于和中国文化的博弈中，中国的文化价值观在西方世界乃至国际社会获得认同有一定难度。冷战以后，西方长期以来一直推崇共同的价值观，并希望整合其他不同的价值观，一个不可否认的事实是西方民众对中国的了解和认识是非常有限的，远不及中国民众对西方的热衷和了解。西方民众以自己的方式去推理想象中国，他们有人认为中国是一个遥远的国家，没有必要去了解中国；有的从西方媒体对中国负面报道中感知中国，西方媒体善于聚焦负面新闻，所以他们对中国的认识就是污染的空气、有毒的食品以及各种暴力犯罪。为了消除文化之间的陌生与隔阂，就必须加强相互之间的交流与对话，在对外文化价值观的传播交流中寻求与西方文化的共性，譬如中国古代思想家提倡的“和而不同”，但“和为贵”的理念与欧洲同时代先哲提出的“和谐产生正义与善”的思想不谋而合，东西方文明共有和谐相处的文化理念。我们要善于利用巧妙的文化转换取得文化认同，在对外文化传播中善于展示普遍性，重视改造差异性，要从中国发展的实际出发，注意融合和吸收当地的文化特色和价值取向，寻找两种文化的结合点。

3 增强“文化自信”的策略

很多国家都在巧妙地运用软实力，用柔性的文化来获取想要获取的东西。中国历来并不主动走向世界传播文化，随着中华民族的伟大复兴，中华文化必然要走向世界，这样才能增强文化自信、提升中华文化的国际影响力及国际话语权。中国文化博大精深，中国需要把自己独特的文化传播给世界各地的群体，更好地影响那些国家及其国民，在互鉴互学中实现和谐世界的美好愿景。中国要深入分析西方习惯的接受方式，这样才能使中华文化被世界所真正认同。

首先，我们要加强对中国民众的教育，尤其是文化方面的教育。如果中国自己的民众对中华传统文化都不感兴趣，漠视中国文化的价值理念，何来外国受众对中华文明的认同？可见，在群众中普及推广中华文化是关键，国内的一些文化机构如博物馆、美术馆和乐团等在信息时代应开发新手段，譬如运用“网上故宫”等平台，方便国内外民众更好地感知中华文化。

其次，我们要构建和提升对外文化传播体系，对中国文化的传播战略和策略进行研究，让世界知道中华文化的独特创造、价值理念和鲜明特色，在和其他文明的互动交流中提升对本国文化的自信。中国文化对外传播的主体除了政府以外，更应该包括各类民间的力量。具体做法有：

第一，加强非官方的对话机制建设，积极开展中外学术界以及智库间的交流。海外的知识精英群体在影响政府决策和媒体报道方面起着举足轻重的作用，西方受众非常相信专家的意见，一些海外智库和学者在中国问题上日益扮演舆论领袖的角色，非常有必要让他们倾听、了解来自中国的声音，增进他们对中国文化与社会的了解。学术交流是公共外交的一种手段，不同观点或理念的沟通比理解更为重要。

第二，要加强基层文化交流，创建让中外不同的省、城市进行文化交流的项目来传达有关中国文化和中国发展状况的信息；要创造新的平台，让不同国家的年轻人有机会相互接触和对话。年轻人是世界的未来，这代年轻人伴随着互联网的成长，新兴技术的发展使得人们不走出国门也能进行公民外交，可以搭建包括社交媒体、博客、在线社区等新媒体平台来使中外年轻人关注文化交流，进行更多的互动来彼此理解认同。我们还可以依托新技术平台，和国外高校、公司开展网上慕课合作，使国外大学生能在本国聆听并选修与中国文化相关的特色优质课程。

第三，一个国家要有成为文化大国的自信，除了要有核心的文化价值观之外，还要有文化产品的输出以及文化产业的支撑。美国文化之所以能影响世界，离不开国家对文化产品的出口以及对文化产业的打造。我们可以通过发展和出口中国的文化产品来促进文化交流，打造和提升中国的文化形象，在这个过程中提高中国在全球的文化自信心、辐射力和影响力。对于中国的文化产品，我们不必妄自菲薄，中国展示给世界的文化产品不仅仅是京剧、功夫和茶叶，中国的文化产品要走出去要找到突破点和结合点，有中国电影人在和美国电影公司沟通中发现，说起《红楼梦》《水浒传》对方都不懂，却对《封神榜》《山海经》之类的神怪故事感兴趣，这说明带有魔幻色彩的神怪题材就是中外电影合作的好的突破口。中国的文化产品为人所知还需要得到推介，要有发展文化旅游、文化产业的意识，许多外国游客来到中国不知道去哪儿欣赏例如昆曲等的非物质文化遗产，这就需要酒店、航空公司的推荐，推广中华文化不是文化部门一家之事，而是需要各方面资源的整合协助。我们还要增进中国城市的文化软实力，注重城市的文化生态和文化环境建设，中国主要城市如上海、北京要有自己的文化名片，成为东西方交融的文化中心，打造让西方主流价值观认同的中国文化产品，使文化与创意在市场中不断成长和发散，建构具有中国特色的文化产业。

中国文化对外传播的过程本质上是一种说服活动，也是一个赢得人心的过程，要把文化的概念转换为具有说服力的内容，需要有效的方法和技巧。我们可以运用一切符号手段来达到有效传播的目的。当今世界已进入图像时代，图像语言或符号具有语言文字所不可比拟的话语构造力量，它不受受众文化水平高低的局限，可以在任何人群中进行传播交流。西方社会著名政治家的政治活动通常就通过视频、图片、故事、漫画等方式展现，给人以分享和民主的印象。中国要传达自己的文化形象，运用图像语言讲故事，促进人际、文化、国家之间的沟通。

当今世界硬实力的比拼造成了地区与国家之间的冲突与对抗，只有通过加强软实力才能促进人类社会的和平与发展。在全球化发展的新时期，文化作为国家软实力的重要组成部分，在国家形象和国际关系中有着举足轻重的地位。在当前的时代主题与时代任务下，我们要科学地对待文化传统，增强文化自信和价值观自信；要有放眼全局、面向未来的视野，将优秀传统文化与中国社会主义发展道路相结合，与西方现代文化相结合，在承认和尊重各国各民族文明的基础上争取文化认同，在文化的传播中提高文化的自信心和影响力。

参考文献

[1] 陈文力，陶秀璈.中国文化对外传播战略研究[M].北京：九州出版社，2012.
[2] 张志洲.和平崛起与中国的国际话语权战略[J].当代世界，2012(7).
[3] 周宁.世界是一座桥：中西文化的交流与建构[M].桂林：广西师范大学出版社，2007.

印度的英语发展与英语教育

上海立信会计金融学院外国语学院　梁兴莉

摘　要： 英语在印度地位独特，既是号称“副国语”的中介语言，也是高等教育的主要用语。英语随英国的殖民统治而进入印度，印度独立后三语模式中英语扮演着联系语言的角色。印度社会一直存在亲英语现象，英语在印度的普遍使用和盛行既是“需要”也是“无奈”。

关键词： 印度；印度英语；英语发展；英语教育

1 引言

印度是中国的邻邦，也是仅次于中国的世界第二人口大国，并且很可能在不远的将来超越中国而成为世界第一人口大国。一般认为，印度 IT 业的快速发展和服务业在全球的影响力一定程度上得益于很多印度人能比较熟练地使用英语。为读者提供印度的英语发展历史和英语教育的简况，是本文的目的。

2 印度独立前的英语发展

1757 年普拉赛战役中英国殖民者击溃印度军队是印度殖民时代的开始。自那时起至 19 世纪中叶，印度 2/3 的领土由英国人直接统治，被称为“英属印度”。随着英国殖民掠夺的不断加剧和殖民统治的不断巩固，英语成为殖民政府引入西方文化的媒介，成为高等院校的法定教学语言，成为印度人获取政治地位、政府文职、邮政和铁路系统职位的必备条件之一。可以说，英语是英国殖民者强化、巩固其殖民统治的有力工具。

18世纪初，传教士开始创办英语学校，主要对象是东印度公司员工的子女，英语逐渐成为地方性政务、商务和社交通用语言。随后英国人开始向印度移植英国的司法和行政体系。1813年，英国国会要求东印度公司每年都要拨专款用于教育事业。1828年，新任总督本廷克(William Bentinck)为压缩东印度公司开支，决心逐步用印度本地人代替部分英国工作人员，并宣布政府公职向所有合格者开放，不论其宗教信仰、出身、肤色等条件。英语教育的重要性显得更为突出。

1835年2月，负责印度教育事业的公众教育委员会主席麦考莱(Macaulay)成为推动英语发展的一个关键人物。他发表演讲，呼吁在印度推广英语教育，理由大致如下：①英语是掌握现代知识的关键，英语会给印度带来全面的复兴；②在印度，英语是统治阶级使用的语言，有可能成为整个东方海域的商业用语；③英语教育虽然不能普及到全体人民当中，但是据此可以造就"一个在我们与被我们统治的成百上千万人民之间进行翻译的阶级，一个在血统和肤色上是印度人，但在爱好、观点、道德和知识上是英国人的阶级"。他们可以用本地语撰写著作，把西方知识和道德传递到印度人民大众中去(Biswas和Agrawal, 1986:12-19)。他宣称，学习英语还是印地语要看其价值与意义，英语是掌握现代知识的关键，是统治者的语言，也可以营就一个英语的精英阶级来领导和影响更多印度人。1835年教育委员会还提出，"大英帝国政府的统治应该在印度各族人民中推广欧洲的文学和科学，所有用于教育目的的资金最好仅用于英语教育"。1837年，印度总督签署决议，规定英国政府的拨款只用于资助英语教育，英语取代波斯语，成为高等法院的工作语言，但地方的初级法院仍可以使用当地语言。

1844年，英属印度政府规定文官选拔中优先录用掌握英语的人，确立了英语在印度的官方语言地位。凡是想成为公职人员或者需要与政府打交道的各界人士都需要学习英语，从而有力地推动了英语教育的发展。1853年，东印度公司颁布《伍德教育文件》，规定英语为大学中的教育语言。1857年，英国在加尔各答、孟买和马德拉斯三个城市创建了一批大学，明确规定英语是高等教育的唯一教育语言。受高等教育的影响，相应的中等教育乃至初级教育都把英语作为一项重要的内容。1882年，第一个教育委员会成立，规定小学教育以母语进行,中学教育以英语进行。这种语言教育的格局直到今天还影响着印度的语言教育方针。到 1891 年,全印度 2.6 亿人口中有 53.8 万人懂英语。英语成为印度的第二语言,但因殖民政府的相关工作都通过英语完成,其地位远在包括印地语在内的各土著语言之上。

3 印度独立后的英语发展

1947 年 8 月 15 日印度独立。1949 年 11 月 26 日,印度制宪会议通过了《印度宪法》(生效日期为 1950 年 1 月 1 日),其中第 342 条第 1 款规定:联邦的官方语言是以“天成体”字母书写的印地语(姜士林,1997:651-652)。关于英语,这部宪法规定:在本《宪法》实施后 15 年内,即 1965 年之前,联邦各官方场合均可继续使用英语,15 年后拟用印地语完全取代英语。关于法院用语,第 348 条规定:最高法院及各高等法院的一切诉讼,议会各院或邦议会各院提出或通过的一切法案或修正案,总统或邦长发布的一切政令,一律使用英文。

1950 年 1 月 26 日印度共和国宣布成立,但仍为英联邦成员国。1955 年,根据宪法精神成立的官方语言问题委员会就如何扩大印地语和限制英语使用的方式、范围等问题展开调研,就宪法中有关语言的规定做出进一步的建议。比如宪法第 348 条规定使用英语的范围包括:本宪法、最高法院及高等法院之一切诉讼或审理程序、国会两议院及邦立法机关所提出之法案或修正案、国会或邦立法机关决议通过之法案、总统或邦长所公布的命令。1956 年,对基础教育政策的制定很有影响力的“中央教育咨询理事会”提出在基础教育阶段实行“三种语言模式”(three-language formula)。1959 年 9 月,联邦内政部长声明,由于实施问题不能在确定时间段中全部淘汰英语。1961 年,“三种语言模式”在各邦首席部长大会上获得批准。三种语言模式的主要构想是一箭三雕,即以母语和地区语言对应社群利益,印地语对应国家团结和民族自豪感,英语对应行政效率和科技进步。三语模式的精神实质还是英语为先,即印地语是官方语言和邦际通用语,英语是副官方和国际通用语。

1963 年,印度政府出台《官方语言法案》(*The Official Language Act*)声明:鉴于印地语取代英语的条件尚未成熟,1965 年 1 月 26 日印地语成为官方语言后,英语继续作为印地语的补充,继续作为维系印度联邦和议会使用的语言，英语仍然是一种辅助性的官方语言而被使用。1967 年，印度诸邦主要部长会议达成了一项著名的妥协方案，即《三语方案》。该方案规定，中等学校必须讲英语、地方语言和印地语这三种语言。《三语方案》的最大弊端是缺少顶部的统一性，该方案没有标明哪种语言处在顶层。1967 年 11 月通过了《官方语言（修正）法案》。《修正案》确定了一项有关官方语言的决议，大致内容包括：不以印地语为官方语言的两邦之间进行交流时可用英语或在使用印地语的同时附上英语译文，而且在与中央交流时也可用英语，中央机关人员或是参加文官考试者必须掌握印地语或英语中的一种，并建议同时掌握两种语言。从而可以看出，英语将继续作为官方语言在全国范围内成为议会及中央政府与非印地语邦之间的沟通语言，掌握了印地语或英语就足以提供公共服务。

根据印度 2005 年《国家课程大纲》(*National Curriculum Framework*)的规定，在语言教育的高级阶段，应引入古典语言和外语教学。关于二语习得(second language acquisition)，尤其是英语，根据教师教学能力和学生在课余对英语的使用情况，英语教学可以分情况进行。英语教学的目的是为了创造多语言环境，提高印度人的语言能力，是国家的长远目标。英语教育要处理好与其他语言的关系，即使是在英语学校，学童也要学习其他母语来“平衡”明显的英语霸权。英语教育最终不应体现为“教”语言，而是真正使英语成为一种工具，让英语成为一种“媒介”，使学童学会“用”英语。

4 印度的英语教育

印度人对英语的态度是积极的。在他们看来，英语是印度走向文明及实现个人抱负的一种媒介。只有学好英语，国家和个人才能更好地“发展”和“进步”。对印度人来说，英语既是殖民者的语言，也是现代化的代名词。自印度的民族独立运动兴起以来，印度的民族精英付出诸多努力，千方百计地希望摆脱对英语的依赖性，但这一目标仍未彻底实现。印度现在的语言格局中，英语无疑仍然占据重要的地位。印度独立后的语言规划经历了三个阶段。第一阶段，限制和取代英语；第二阶段，保留英语；第三阶段，防止英语回潮。直到今天，政府文件需要先用英文起草定稿，再译成印地文。英语客观上成为唯一能够通达全印度范围的行政语言，再加上全球化背景下英语的优势语言地位，印度独立后 70 多年,英语在印度的影响仍在日益扩大。

首先,英语的地位由于政治因素更加牢固,是印度唯一一种能够保持联邦政治地理统一的语言。杜阿·汉斯(Du Hans)指出:“即使那些执行官方语言政策、看似喜欢印地语或印度其他语言的政治家们,也没有公开反对英语,因为继续使用英语不仅帮助他们操纵政府,而且使他们得以控制名流和官僚。”其次,英语的地位由于其自身的声誉更加牢固。在印度,用印地语出版的报刊远远超过英语报刊,但在科学技术和工程方面,英语期刊仍保持其超然的地位。要用印地语取代英语几乎是不可能的,至少也是可望而不可及的。从 20 世纪八九十年代以来,英语的科技贸易价值不断强化,随着经济全球化的大潮和信息技术的普及,英语的霸权地位进一步提升。再次,英语在教育领域中的地位更加牢固。以往小学阶段只有私立精英小学才将英语作为教学媒介语,而公立教育体系中是从中学阶段才开始将英语作为教学媒介语,但现在幼儿园已经开始用英语教学了。马里卡尔俊(Mallikarjun)不无担忧地指出:“面对英语和全球化的发展势头,有人甚至期望英语的使用能够继续阻碍印地语的进一步发展。如果这一趋势继续下去,英语肯定会限制印地语的使用范围,或将印地语视为一种多余现象,更多作为一种认同标志。”

印度历史上从来没有过正式的、统一的官方语言文字,英语也算是填补了一项空白。在印度除了母语,实际上始终得到重视的就只有英语了。由于全球化和经济发展,也因为国内一时难以调和的各类矛盾,英语在表面上看反而倒成为印度人的“自主”选择了,但实际上这仍是一种无奈的选择。对于英语的扩张,印度人既没有反对的能力,又没有什么特别的反对理由。在印度,英语地位如此顽强地保留下去,与印度人无可奈何的“需要”是离不开的。英语的存在确实暂时使中央与地方在印地语的使用上有了更多的回旋余地,因为它表面上是一种中性语言。英语的保留,还在于社会精英不愿意舍弃英语。在印度,来自不同地区、种族、肤色、宗教信仰的人,大多都可以用英语交流。在印度的大学里,直接用英语来教学和研究是最便利的方式。客观上来说,如今的英语是走向全球,成为世界各国交流中最常见的选择,也是互联网时代所占比例最高的语言。有英语优势的印度,即便很不情愿依赖这门前宗主国的语言,却又难以有勇气和决心对英语说“不”。

参考文献

[1] 安双宏.印度基础教育阶段少数民族的教学语言政策研究[J].比较教育研究,2015(4).

[2] 杜阿·汉斯.印地语传播政策及其实施:成果与展望[M].周庆生.国外语言政策与语言规划进程.北京:语文出版社,2003.

[3] 高子平.语言建邦与印度半联邦制的形成[J].史林,2008(5).

[4] 姜士林.世界宪法全书[M].青岛:青岛出版社,1997.

[5] 蒋哲杰,陈秀云.英吉利文明在亚洲[M].上海:上海三联书店,2016.

[6] 李红毅.印度语言政策与语言民族间的冲突与争论[J].贵州大学学报,2007(7).

[7] 莉毅夫,阮西湖.世界民族研究 2[M].昆明:中国世界民族研究学会出版部,1984.

[8] 林承节.印度史[M].北京:人民教育出版社,2004.

[9] 米歇尔·E·布朗,苏米特·甘古力.亚太地区的政府政策和民族关系[M].北京:东方出版社,2013.

[10] 司玉英.印度的语言政策与语言教育[J].扬州大学学报,2007(6).

[11] "中国语言生活状况报告"课题组.中国语言生活状况报告(2008)[M].北京:商务印书馆,2009.

[12] 周庆生.印度语言政策与语言文化[J].中国社会科学院研究生院学报,2010(6).

[13] BISWAS A, AGRAWAL S P. Development of education in India: a historical survey of educational documents before and after independence[M]. New Delhi: Concept Publishing Company, 1986.

[14] ROBERT D KING. Nehru and the language politics of India[M]. Delhi: Oxford University Press, 1997.